Questão indígena brasileira
Visto minha própria pele sem medo

Eliane Potiguara

QUESTÃO INDÍGENA BRASILEIRA

Visto minha própria pele sem medo

ISBN 978-65-5748-053-3

EDITORA DE CULTURA LTDA.
Rua Baceúnas, 180
CEP 03127-060 – São Paulo – SP
Fone: 55 (11) 2894-5100
atendimento@editoradecultura.com.br
www.editoradecultura.com.br

Primeira edição: maio de 2024
Impressão: 5ª 4ª 3ª 2ª 1ª
Ano: 28 27 26 25 24

CIP-BRASIL. CATALOGAÇÃO NA PUBLICAÇÃO
SINDICATO NACIONAL DOS EDITORES DE LIVROS, RJ
Meri Gleice Rodrigues de Souza – Bibliotecária – CRB-7/6439

P891q

Potiguara, Eliane, 1950-

Questão indígena brasileira : visto minha própria pele sem medo / Eliane Potiguara ; [organização Diego Pautasso]. - 1. ed. - São Paulo : Cultura, 2024.

128 p. ; 18 cm.

ISBN 978-65-5748-053-3

1. Indígenas da América do Sul - Usos e costumes. 2. Mulheres indígenas - Brasil - Condições sociais. I. Pauasso, Diego. II. Título.

24-88174 CDD: 980.41
CDU: 94(=87)(81)

05/02/2024 08/02/2024

Sumário

Um dia, Jaider Esbell, um
dos maiores artistas visuais
indígenas, que vive hoje nas
estrelas, disse para mim:
"Homenagem a minha irmã das
letras, cabeceiras desaguadas no
sertão além-mar. Precursora em
cortar correntes, és gente! Muito
respeito. Muito mais fé-menina
para nosso trabalho".

Dedico esta obra às minhas
netas Nathalia e Taiane

Primeiras palavras

Ler é libertar-se.

Um Estado que não oferece as condições necessárias para que a mulher se sinta amada em sua plenitude é um Estado que abandona suas filhas às margens da vida. A mulher desamada tem sua alma esfacelada, sua dignidade interrompida, sua autoimagem deplorável. Ela grita, ela chora, ela retumba... E nesse ato ela se torna guerreira, combativa e atuante. É a mulher militante. Ela então busca a conexão com a natureza para que seu discurso se transforme e seu povo se reconheça como as primeiras nações do planeta Terra. Nesse reconhecimento, dá-se então a valorização de seu território ancestral. Seu corpo faz parte desse território, assim como sua cultura, sua língua, suas tradições, sua medicina natural, sua ancestralidade; a educação das crianças e dos jovens, as relações interpessoais, o trabalho na terra, o cultivo dos alimentos, a caça e a pesca, o *modus vivendi*, o desenvolvimento comunitário entre outros atributos.

Nesse instante, ela, glorificada, reconstrói sua essência de mulher guerreira. Isso se dá em ciclos e um sonho em seus olhos brota diariamente para que a força da sua natureza resista à violência, à matança, à destruição das famílias. Por que aguentamos tantas violências?

Tempos são passados e ela vê brotar a luz da esperança. Seus rebentos serão guerreiros e guerreiras. A mulher leva adiante junto à comunidade a pedagogia da natureza, cujos personagens principais são os rios, os mares, as matas, enfim, o meio ambiente de sua cultura: a Mãe Terra e sua ancestralidade. Nesse contexto, dá-se o fortalecimento da cultura indígena e, consequentemente, o fortalecimento da sua identidade como povo, como alma e espírito.

Diante disso, ela clama a Oração à Natureza, porque reconhece que algo maior rege a vida de seu povo, de seu corpo, de sua luz.

Homenagem póstuma para um outubro

Por outros caminhos precisei seguir,
Senão oporia justo a mim.
Por outros países fui e parti...
Senão morreria perto de ti.
Por outras veredas precisei sair
Pois meu sangue derramava ali
"Salta, menina, vá partir!
Antes que me culpes por não te ouvir!"
Por outras estradas há de fugir
Sem pão, sem mão, sem coração
Perdia minh'alma na escuridão
Nunca mais perto de ti...
Anos se passaram para essa resposta.
Levou tempo, minha garganta insana,
A explodir!
Agora faço esse @rePost
Percebo... Tanto tempo, hermana!
Yo soy yo...

Incluso Fidel lo encontré
Fui de ti e não voltei jamais
Apesar dos meus pedaços ao chão que pedia: Volta!
Era grande a minha revolta!
Tempo, tempo, tempo: Nunca mais!
Teus ossos, tua pele, tua alma
Nunca mais os vi.
Morreste para ti e morreste para mim...
Herança ficou: filhos criados num jardim
Hoje flores. E a ti: Dores!
P'ra mim? Trajetória, trabalho enfim...
Fui e aqui estou: Mulher! ... Reconstruída
Das cores...
Vai, homem! Reconstrua-te também
Num mundo imaterial, fraternal ou pagão
Volta quando estiveres pronto.
Possamos ser amigos ou irmãos.
Mas nunca mais homem e mulher!

1
Compreender a história é um passo

A década de 1980 foi um período muito importante para os povos indígenas. Era um tempo de pós-ditadura militar. Durante esse regime (1964-1985), muitos indígenas foram conduzidos a servir ao governo da época, enquanto outros, contestadores, foram brutalmente assassinados.

No entanto, antes disso, as etnias indígenas – um grande contingente de 5 milhões distribuídos em nações – passaram por um genocídio devastador, motivado pela colonização europeia, que, além da escravização, trouxe doenças mortais, como varíola, escarlatina, sarampo, gripe, varicela e tuberculose. Muitas famílias foram separadas, outras migraram de suas regiões em busca de sobrevivência. Não foi diferente para nenhum dos povos das Américas: tanto do Norte quanto Central e do Sul.

Os europeus, a qualquer custo, queriam os produtos, os minérios, o ouro e a mão escrava para realizar seu grande projeto de colonização. E esse grande projeto colonizatório continua nos dias de hoje, passando por poderes como o Marquês de Pombal, José Bonifácio, Serviço de Proteção aos **Indígenas** 🔗 ▼ (SPI) pelos presidentes militares da Funai –, pelo imperialismo, quer uns aceitem ou não. Hoje, uma luz surge, quando indígenas assumem seu protagonismo nos espaços de poder, no Poder Executivo, no Legislativo. Mas até quando?

🔗 INDÍGENAS: O NOME CORRETO

Hoje, não se usa mais o termo "índio". Os colonizadores, portugueses quando chegaram ao Brasil, ainda pensavam que estavam chegando às Índias, como aconteceu com Cristóvão Colombo ao desembarcar na América em 1492. No Brasil, somos etnias ou nações indígenas, povos originários. "Índio" é um termo genérico, que não considera as especificidades que existem entre os povos indígenas, como as linguísticas, culturais e mesmo a especificidade de tempo de contato com a sociedade não indígena. Além disso, a palavra "índio", na maioria das vezes, é usada com intenção pejorativa.

Fonte: educamaisbrasil.com.br/educacao/dicas/indio-ou-indigena-qual-termo-e-o-correto

A seguir, vai um pequeno quadro cronológico, que estima e aponta o número de mortes de indígenas durante o processo da colonização:

- Em 1500, havia 1.700 povos indígenas, isto é, diferentes etnias indígenas (grupos diferenciados). O europeu as chamava de tribos. No entanto, 5 milhões dessas pessoas foram mortas por doenças, como varíola, escarlatina, tuberculose, sarampo e até simples gripes ou resfriados trazidos pelos colonizadores e missionários europeus. Os padres Manuel da Nóbrega e José de Anchieta portavam o vírus da tuberculose.
- De 1500 a 1950, 3 milhões de pessoas indígenas foram exterminadas, vítimas de violência.
- De 1950 até o século XXI, 70 mil indígenas foram mortos por diversas causas, como escravização, assassinatos e enfermidades.
- Hoje, temos 305 povos indígenas e 274 línguas distintas, sendo que 77% desses povos vivem na Amazônia Legal e os demais vivem no restante do Brasil. Segundo o IBGE, o censo demográfico registra dados preliminares de 1.652.876 pessoas indígenas.

- No século XVI, aconteceram a colonização, a catequese e a escravização indígena.
- No século XVII, houve a criação do cargo de "diretor dos índios" – na realidade, o chamado "capitão dos índios", com o objetivo de organizar a administração e o governo dos indígenas do país.
- No século XIX, ocorreram a catequização e a civilização dos indígenas, chamada de **civilização dos índios** 🔗▶, que vigorou de 1823 a 1934 por meio de diversos projetos de Constituição.
- No século XX, ocorreram tentativas de incorporação dos chamados "silvícolas" à sociedade nacional, que ocorreu de 1934 a 1988, ano da atual Constituição Brasileira, a primeira a considerar os direitos dos povos indígenas.

Com base nos princípios de José Bonifácio – que foi conselheiro de Dom Pedro I e por ele indicado tutor de Dom Pedro II até a maioridade –, houve a criação do SPI (Serviço Nacional de Proteção ao Indígena) em 1910. Tal ação se caracterizou por um projeto opressor para integrar as etnias à comunhão nacional. Isso significava jogar as comunidades à pobreza, à mendicância, ao trabalho escravo, ao alcoolismo, à prostituição, à miséria humana.

A "CIVILIZAÇÃO DOS ÍNDIOS"

Em 1823, o naturalista e político José Bonifácio de Andrada e Silva, que era próximo de Dom Pedro I, aconselhou o ainda príncipe a não voltar para Portugal e a proclamar a Independência do Brasil – o que foi feito. Com Dom Pedro tendo assumido o governo como imperador, Bonifácio apresentou o documento "Apontamentos para a civilização dos índios bravos do Império do Brasil", um projeto que visava à integração dos indígenas à sociedade nacional. Dizia: "Vou tratar do modo de catequizar e aldear os índios bravos do Brasil: matéria esta de suma importância, mas, ao mesmo tempo, de grande dificuldade de execução". José Ele acreditava que a integração seria feita através da mestiçagem, possibilitaria o surgimento de uma nova raça e de uma cultura comum, na qual prevaleceria o elemento branco civilizador.

Fonte: https://multirio.rio.rj.gov.br/index.php/historia-do-brasil/brasil-monarquico/8893-jos%C3%A9-bonif%C3%A1cio-seus-apontamentos-para-a-civiliza%C3%A7%C3%A3o-dos-%C3%ADndios-bravos. Acesso em: 13 jul 2023.

Muito tempo depois, em 1965, em plena ditadura militar, foi criada a Fundação Nacional dos Povos Indígenas (**Funai**), sendo seus diretores pessoas do quadro de carreira do Exército. Este órgão governamental se propunha a subsidiar os povos indígenas. Assim como indígenas isolados. Mas isso também não aconteceu.

A FUNAI

A Fundação Nacional dos Povos Indígenas (Funai), antiga Fundação Nacional do Índio, é o órgão indigenista oficial do Estado brasileiro. Criada por meio da Lei nº 5.371, de 5 de dezembro de 1967 e atualmente vinculada ao Ministério dos Povos Indígenas, é a coordenadora e principal executora da política indigenista do governo federal. Sua missão institucional é proteger e promover os direitos dos povos indígenas no Brasil. Cabe ainda à Funai incentivar estudos de identificação e delimitação, demarcação, regularização fundiária e registro das terras tradicionalmente ocupadas pelos povos indígenas, além de monitorar e fiscalizar os territórios que lhes pertencem. Ela também coordena e implementa as políticas de proteção aos povos isolados e recém-contactados.

Fonte: Item "A Funai - Institucional" no menu do site oficial https://www.gov.br/funai/pt-br

Tudo foi muito bem arquitetado somente na teoria, porque, na realidade de todas as décadas, os povos indígenas foram vítimas da violação dos seus direitos. Mas, nem com a Declaração Universal dos Direitos Indígenas (ver Anexo 1 no final deste capítulo), promulgada pelas Nações Unidas em 2007, com a Convenção 169 da OIT (Organização Internacional do Trabalho) e nem mesmo com a Constituição de 1988 no Brasil, os povos indígenas tiveram seus direitos assegurados.

Como vimos, todos esses marcos históricos são falhos, pois, ao mesmo tempo que existem normas de uma política de proteção aos povos indígenas, percebemos que, em paralelo, há também uma clara tendência ao extermínio desses povos, vítimas de racismo e de intolerância.

Sabemos que tudo isso não só levou à destruição de parte da cultura e da territorialidade indígena, como também provocou o princípio de impactos ambientais altamente destrutivos para o solo e para o meio ambiente do país.

Percebemos também que organizações internacionais, americanas ou não, procuram apoiar os povos do Brasil e das três Américas para ter controle sobre políticas de existência dos indígenas e sobre a Amazônia. Do mesmo modo agem as igrejas, e o fazem para impor e difundir suas ideologias. Isso significa dizer que existe uma situação de controle político sobre povos originários e tradicionais – vide o exemplo da Bolívia, país eminentemente indígena, e a situação que aconteceu com seu presidente, Evo Morales. A principal oposição externa sofrida por ele deveu-se à ação tornar o governo sócio majoritário das indústrias petrolíferas e dos distribuidores de petróleo, gás e derivados. Essa questão se arrastou pelos três mandatos consecutivos do presidente, que renunciou em 2019.

No Brasil, a bem da verdade, não podemos deixar de situar que, em 2023, foi escolhida pela primeira vez uma mulher indígena para presidir a Funai, a Dra. Joênia Wapixana, primeira indígena a exercer a advocacia no Brasil, e outra para chefiar o Ministério dos Povos Indígenas, Sônia Guajajara, formada em Letras, Enfermagem e em Educação Especial, coroando a eleição de representantes estaduais e federais indígenas nas eleições de 2022. Também assumiu cadeira na Câmara dos Deputados, a primeira indígena eleita pelo estado de Minas Gerais, Célia Xakriabá. Embora muito jovem, ela é mestre em Desenvolvimento Sustentável e tem doutorado em Antropologia. Seu mandato é dedicado à defesa de mulheres e jovens e à demarcação territorial para indígenas e quilombolas. Além disso, como professora, defende a reestruturação do sistema educacional para integração dos conhecimentos indígenas aos currículos escolares.

Se voltarmos um pouco ao passado, uns trinta anos, será possível constatar que a luta dos povos indígenas não estava parada. Internacionalmente, nações indígenas do mundo inteiro já atuavam, com o apoio da Organização das Nações Unidas em

Genebra, por meio do Grupo de Trabalho sobre Povos Indígenas. As sessões de trabalho duraram mais de 30 anos para produzir um documento internacional intitulado Declaração Universal dos Direitos dos Povos Indígenas (Ver Anexo 1). Em paralelo a isso, a **Convenção 169 da OIT** (Organização Internacional do Trabalho), de 1989, e demais convenções incluíam as demandas e os direitos indígenas em seus documentos oficiais.

No Brasil, nas décadas de 1970 e 1980, aconteceu um movimento político encabeçado por antropólogos, políticos, advogados e entidades progressistas que reivindicavam o reconhecimento de direitos políticos dos povos indígenas. Nasciam aí também as organizações indígenas, que aceitaram a solidariedade das entidades de apoio. Até 1988, lutou-se muito (e ainda se luta hoje) pela garantia dos direitos dos povos originários na famosa Constituição Brasileira de 1988 e para que eles sejam respeitados de fato.

Povos indígenas estiveram sempre aqui, no território brasileiro, mas poucos viram ou constataram essa presença. E, se alguns viram, nada os impediu de alocá-los como escravos, como amas de leite e como mulheres disponíveis para o sexo violento dos colonizadores. Povos indígenas hoje trabalham

CONVENÇÃO 169 DA OIT

Quando a Conferência Geral da Organização Internacional do Trabalho se reuniu em Genebra, em 7 de junho de 1989, um dos itens de debate era a necessidade de atualização da Convenção sobre populações Indígenas e Tribais de 1957 (Convenção 107 da OIT). Após ter decidido adotar diversas propostas sobre a revisão parcial daquelas normas, foi decidido adotar, no dia 27 de junho, a Convenção Sobre os Povos Indígenas e Tribais, 1989, que se aplica, pelo art.1º, inciso 1:

"a) aos povos tribais em países independentes, cujas condições sociais, culturais e econômicas os distingam de outros setores da coletividade nacional, e que estejam regidos, total ou parcialmente, por seus próprios costumes ou tradições ou por legislação especial;

b) aos povos em países independentes, considerados indígenas pelo fato de descenderem de populações que habitavam o país ou uma região geográfica pertencente ao país na época da conquista ou da colonização ou do estabelecimento das atuais fronteiras estatais e que, seja qual for sua situação jurídica, conservam todas as suas próprias instituições sociais, econômicas, culturais e políticas, ou parte delas."

E esclarece, no inciso 2:

"A consciência de sua identidade indígena ou tribal deverá ser considerada como critério fundamental para determinar os grupos aos que se aplicam as disposições da presente Convenção."

Estatui o art. 2º, inciso 1:

"Os governos deverão assumir a responsabilidade de desenvolver, com a participação dos povos interessados, uma ação coordenada e sistemática com vistas a proteger os direitos desses povos e a garantir o respeito pela sua integridade."

Fonte: Google, verbete: Convenção no 169 da OIT sobre Povos Indígenas e Tribais. Contém o documento completo.
Fonte: http://portal.iphan.gov.br/uploads/ckfinder/arquivos/Convencao_169_OIT.pdf

estratégias filosóficas de sobrevivência, como o retorno à terra, o resgate da memória coletiva, o desenvolvimento de formas para conquistar e ampliar a autoestima, a busca de maior aliança com a terra, modos de desenvolver a arte, um instrumento de luta, além de buscar documentos que provem os deslocamentos dos povos indígenas de suas terras, a migração forçada, e a relação com suas histórias. Estes são documentos fundamentais na discussão do Marco Temporal, projeto de lei exigindo que, para reconhecer um território indígena, seria necessário provar a permanência do povo de determinada nação no local reivindicado antes da data de vigência da Constituição de 1988.

A educação indígena levada adiante pelos professores indígenas, assim como a legislação dos povos indígenas trabalhada por advogados e por políticos indígenas. Tudo isso é nossa paisagem ancestral em nossas mentes motivadas pelos nossos antepassados.

A arte é quase uma divindade. A ancestralidade acessa várias formas de existir e de se apresentar ao mundo. A ancestralidade nutre as artes através dos rios, das montanhas, do avô-sol, da avó-lua, dos alimentos, da fauna, da flora, tudo conectado. E nada disso está nas escolas urbanas nem na comunicação de massa.

Nesse sentido, a arte é um ponto de encontro de todas as expressões artísticas: museus nativos, casas dos avós, museus antropológicos, literatura oral e escrita, pinturas corporais ou em murais ou em materiais de difusão, arte indígena contemporânea... Tudo isso para formar um grande acervo cultural a ser transformado em documentos.

Tomar o indígena como um ser "uniforme" equivale a criar um índio genérico, um estereótipo, privado das características dos seus povos de origem. Vejamos um exemplo disso: instituições indigenistas do passado, escritores, artistas procuraram criar esse índio genérico, o índio imaginário de José de Alencar – lembremos a indígena Iracema, que morre de amor por um estrangeiro (português.). Trata-se de um **índio ficcional** 🔗▶.

ÍNDIO FICCIONAL

Um dos clássicos da literatura brasileira do século XIX, *Iracema*, publicado pelo escritor romântico cearense José de Alencar em 1865, representa, segundo o articulista Luiz Prado, do *Jornal da USP* (de 14/10/2018), a tentativa de constituição do indianismo como mito fundador nacional. Não à toa, a obra não foi classificada no gênero romance pelo autor, mas designada como "lenda" – curiosamente, como aconteceu com *Macunaíma*, de Mário de Andrade, que deu ao seu texto a classificação de "rapsódia".

Convém recordar, porém, que, de acordo com o professor de Literatura Comparada da USP Eduardo Vieira Martins, "o romance indianista não pode ser lido com uma etnografia moderna" – o resultado disso seria exatamente o "índio ficcional". Assim, em *Iracema*, a protagonista é uma indígena extremamente idealizada e estereotipada, que, apaixonada por Martim, um homem branco, rompe com sua nação e sacrifica a própria vida por amor. Este livro de Alencar e outros dois de seus romances, *Ubirajara* e *O guarani*, abordam, de forma inverossímil e pouco historicizada, o processo de colonização do Brasil e a contribuição indígena na formação do povo brasileiro.

Fonte: https://jornal.usp.br/cultura/iracema-apresenta-a-origem-mitica-do-povo-brasileiro/

A Semana de Arte Moderna de 1922 esqueceu a realidade do país e deixou literalmente de lado a história dos povos indígenas. Macunaíma, de Mário de Andrade, é uma história indígena de Roraima, dos Wapixana. Os movimentos Antropofágico e Pau Brasil, liderados pelo escritor Oswald de Andrade, esqueceram os povos indígenas.

Tudo isso, configurando uma violação dos direitos dos povos étnicos, trouxe impactos destruidores da autoestima indígena. Os modernistas, em seu movimento, queriam romper com o colonialismo, mas o fizeram perdurar e pecaram ao deixar de fora as primeiras nações deste país. Os museus transformaram-se em cemitérios urbanos ao expor as artes dos povos sem a participação deles.

Isso precisa ser revisto. Já há alguma mudança, mas ela precisa ser total. O encontro de gentes diferentes gera novas possibilidades de interpretar o mundo habitado. Colocar-se no lugar do outro – ou colocar-se no lugar do indígena – seria, no passado, uma prática de respeito, mas isso não ocorreu.

É comprovado, então, que nenhuma forma artística que poderia oferecer visibilidade digna aos povos indígenas jamais aconteceu. Algumas iniciativas apenas chamaram atenção por um período – isso para não dizer que o que sempre houve foi uma folclorização. Muitas vezes, o carnaval, os filmes, o teatro, as revistas mostram essa folclorização. Portanto, a mudança é urgente, precisa ser mais rápida. Já esperamos demais.

VAI-TE, NATUREZA!
Nos perdemos tantas vezes
Que não tenho conta a dizer.
Nos perdemos nos anos
Nos perdemos no espaço.
Nos perdemos nas luas
Nos perdemos nos sóis.
Perdas, perdas e perdas...
Se não foi nos tempos
Foi então na crença.
Se não foi nos mares e rios
Foi, sim, na doença.
Não há mais nada a fazer.
Tudo foi feito
Tudo foi feito
Tentativas, invocações, evocações
Ao mundo pleno ou imaterial
Aos espíritos das rochas
Aos espíritos das deusas.
Não há mais nada a pedir.
As palavras morreram...
Meu cansaço e as queimadas...
Vai-te, sol, cantar em outros lados.
Esquece minha existência e sorte.
Vai-te, natureza, brilha em outros prados.
Aqui estarei triste, contente ou morta!

Anexo 1
Direitos dos povos indígenas

Depois de declarar em 1993 a Década Internacional dos Povos Indígenas para o período 1995-2004, e durante a segunda década 2005-2014 - reivindicada por lideranças indígenas mundiais, devido às dificuldades das negociações e aos temores de retrocesso –, a ONU pôde finalmente adotar a Declaração Universal dos Direitos dos Povos Indígena em 13 de setembro de 2007.

O projeto da Declaração foi proposto pelo Grupo de Trabalho sobre Populações Indígenas da Subcomissão para a Prevenção da Discriminação e Proteção das Minorias da ONU.

Mesmo sabendo que as convenções internacionais são instrumentos criados pelos Estados e para os Estados e seus nacionais fazerem uso das normas, é preciso reconhecer que há uma progressiva preocupação pela situação e pela proteção dos povos indígenas no sistema das Nações Unidas. Apesar da resistência de alguns governos, que já se opuseram seguidamente ao projeto da Declaração, é fato que, nos últimos anos, os povos indígenas passaram a ser reconhecidos pela comunidade internacional como objetos e provavelmente como sujeitos do Direito Internacional.

Essa crescente preocupação, evidentemente, foi marcada pelas pressões feitas pelos povos e pelas organizações indígenas, inclusive nos Fóruns da ONU. É por isso que a Declaração inclui aspectos relevantes sobre os direitos culturais e étnicos coletivos; o direito à terra e aos recursos naturais; a manutenção das estruturas econômicas e dos modos de vida tradicionais; o direito consuetudinário e o direito coletivo à autonomia.

Merece destaque nesta ampliada preocupação com os direitos humanos dos povos indígenas a mudança de ênfase dos "direitos universais individuais" para os "direitos humanos coletivos".

Mesmo com as devidas reservas, por se tratarem de normas desenvolvidas pelos governos e para os governos, a atenção aos direitos coletivos e a longamente desejada aprovação da Declaração Universal sobre Direitos Indígenas, assim como sua ratificação pelos Estados subscritores, configuram um novo espaço mundial no qual os povos indígenas poderão continuar a luta para melhorar e para mudar a situação de discriminação e opressão a que têm estado submetidos nos últimos séculos no seio dos diferentes Estados nacionais.

A Declaração Universal dos Direitos dos Povos Indígenas foi uma vitória internacional, pois povos indígenas do mundo inteiro trabalharam durante três décadas seguidas para formalizar o documento.

Eu, Eliane Potiguara, fiz parte desse grupo e não poderia deixar de trazer aqui esta importante declaração.

Declaração das Nações Unidas sobre os Direitos dos Povos Indígenas

A Assembleia Geral, guiada pelos propósitos e princípios da Carta das Nações Unidas e pela boa-fé no cumprimento das obrigações assumidas pelos Estados de acordo com a Carta,

Afirmando que os povos indígenas são iguais a todos os demais povos e reconhecendo ao mesmo tempo o direito de todos os povos a serem diferentes, a se considerarem diferentes e a serem respeitados como tais,

Afirmando também que todos os povos contribuem para a diversidade e a riqueza das civilizações e culturas, que constituem patrimônio comum da humanidade,

Afirmando ainda que todas as doutrinas, políticas e práticas baseadas na superioridade de determinados povos ou indivíduos, ou que a defendem, alegando razões de origem nacional ou diferenças raciais, religiosas, étnicas ou culturais, são racistas, cientificamente falsas, juridicamente inválidas, moralmente condenáveis e socialmente injustas,

Reafirmando que, no exercício de seus direitos, os povos indígenas devem ser livres de toda forma de discriminação,

Preocupada com o fato de os povos indígenas terem sofrido injustiças históricas como resultado, entre outras coisas, da colonização e da subtração de suas terras, territórios e recursos, o que os tem impedido de exercer, em especial, seu direito ao desenvolvimento, em conformidade com suas próprias necessidades e interesses,

Reconhecendo a necessidade urgente de respeitar e promover os direitos intrínsecos dos povos indígenas, que derivam de suas estruturas políticas, econômicas e sociais e de suas culturas, de suas tradições espirituais, de sua história e de sua concepção da vida, especialmente os direitos às suas terras, territórios e recursos,

Reconhecendo também a necessidade urgente de respeitar e promover os direitos dos povos indígenas afirmados em tratados, acordos e outros arranjos construtivos com os Estados,

Celebrando o fato de os povos indígenas estarem organizando-se para promover seu desenvolvimento político, econômico, social e cultural, e para pôr fim a todas as formas de discriminação e de opressão, onde quer que ocorram,

Convencida de que o controle, pelos povos indígenas, dos acontecimentos que os afetam e a suas terras, territórios e recursos lhes permitirá manter e reforçar suas instituições, culturas e tradições e promover seu desenvolvimento de acordo com suas aspirações e necessidades,

Reconhecendo que o respeito aos conhecimentos, às culturas e às práticas tradicionais indígenas contribui para o desenvolvimento sustentável e equitativo e para a gestão adequada do meio ambiente,

Enfatizando a contribuição da desmilitarização das terras e dos territórios dos povos indígenas para a paz, o progresso e o desenvolvimento econômico e social, a compreensão e as relações de amizade entre as nações e os povos do mundo,

Reconhecendo, em particular, o direito das famílias e comunidades indígenas a continuar compartilhando a responsabilidade pela formação, a educação e o bem-estar dos seus filhos, em conformidade com os direitos da criança,

Considerando que os direitos afirmados nos tratados, acordos e outros arranjos construtivos entre os Estados e os povos indígenas são, em algumas situações, assuntos de preocupação, interesse e responsabilidade internacional, e têm caráter internacional,

Considerando também que os tratados, acordos e demais arranjos construtivos, e as relações que estes representam, servem de base para o fortalecimento da associação entre os povos indígenas e os Estados,

Reconhecendo que a Carta das Nações Unidas, o Pacto Internacional de Direitos Econômicos, Sociais e Culturais e o Pacto Internacional de Direitos Civis e Políticos, assim como a Declaração e o Programa de Ação de Viena afirmam a importância fundamental do direito de todos os povos à autodeterminação, em virtude do qual estes determinam livremente sua condição política e buscam livremente seu desenvolvimento econômico, social e cultural,

Tendo em mente que nada do disposto na presente Declaração poderá ser utilizado para negar a povo algum seu direito à autodeterminação, exercido em conformidade com o direito internacional,

Convencida de que o reconhecimento dos direitos dos povos indígenas na presente Declaração fomentará relações harmoniosas e de cooperação entre os Estados e os povos indígenas, baseadas nos princípios da justiça, da democracia do respeito aos direitos humanos, da não discriminação e da boa-fé,

Incentivando os Estados a cumprir e aplicar eficazmente todas as suas obrigações para com os povos indígenas resultantes dos instrumentos internacionais, em particular as relativas aos direitos humanos, em consulta e cooperação com os povos interessados,

Enfatizando que corresponde às Nações Unidas desempenhar papel importante e contínuo de promoção e proteção dos direitos dos povos indígenas,

Considerando que a presente Declaração constitui um novo passo importante para o reconhecimento, a promoção e a proteção dos direitos e das liberdades dos povos indígenas e para o desenvolvimento de atividades pertinentes ao sistema das Nações Unidas nessa área,

Reconhecendo e reafirmando que os indivíduos indígenas têm direito, sem discriminação, a todos os direitos humanos reconhecidos no direito internacional, e que os povos indígenas têm direitos coletivos que são indispensáveis para sua existência, bem-estar e desenvolvimento integral como povos,

Reconhecendo também que a situação dos povos indígenas varia conforme as regiões e os países e que se deve levar em conta o significado das particularidades nacionais e regionais e das diversas tradições históricas e culturais,

Proclama solenemente a Declaração das Nações Unidas sobre os Direitos dos Povos Indígenas, cujo texto figura em continuação, como ideal comum que deve ser perseguido em espírito de solidariedade e de respeito mútuo:

Artigo 1
Os indígenas têm direito, a título coletivo ou individual, ao pleno desfrute de todos os direitos humanos e liberdades fundamentais reconhecidos pela Carta das Nações Unidas, a Declaração Universal dos Direitos Humanos3 e o direito internacional dos direitos humanos.

Artigo 2
Os povos e pessoas indígenas são livres e iguais a todos os demais povos e indivíduos e têm o direito de não ser submetidos a nenhuma forma de discriminação no exercício de seus direitos, que esteja fundada, em particular, em sua origem ou identidade indígena.

Artigo 3
Os povos indígenas têm direito à autodeterminação. Em virtude desse direito determinam livremente sua condição política e buscam livremente seu desenvolvimento econômico, social e cultural.

Artigo 4
Os povos indígenas, no exercício do seu direito à autodeterminação, têm direito à autonomia ou

ao autogoverno nas questões relacionadas a seus assuntos internos e locais, assim como a disporem dos meios para financiar suas funções autônomas.

Artigo 5

Os povos indígenas têm o direito de conservar e reforçar suas próprias instituições políticas, jurídicas, econômicas, sociais e culturais, mantendo ao mesmo tempo seu direito de participar plenamente, caso o desejem, da vida política, econômica, social e cultural do Estado.

Artigo 6

Todo indígena tem direito a uma nacionalidade.

Artigo 7

1. Os indígenas têm direito à vida, à integridade física e mental, à liberdade e à segurança pessoal.
2. Os povos indígenas têm o direito coletivo de viver em liberdade, paz e segurança, como povos distintos, e não serão submetidos a qualquer ato de genocídio ou a qualquer outro ato de violência, incluída a transferência forçada de crianças do grupo para outro grupo.

Artigo 8

1. Os povos e pessoas indígenas têm direito a não sofrer assimilação forçada ou a destruição de sua cultura.
2. Os Estados estabelecerão mecanismos eficazes para a prevenção e a reparação de:
a) Todo ato que tenha por objetivo ou consequência privar os povos e as pessoas indígenas de sua integridade como povos distintos, ou de seus valores culturais ou de sua identidade étnica;
b) Todo ato que tenha por objetivo ou consequência subtrair-lhes suas terras, territórios ou recursos.

c) Toda forma de transferência forçada de população que tenha por objetivo ou consequência a violação ou a diminuição de qualquer dos seus direitos.
d) Toda forma de assimilação ou integração forçadas.
e) Toda forma de propaganda que tenha por finalidade promover ou incitar a discriminação racial ou étnica dirigida contra eles.

Artigo 9
Os povos e pessoas indígenas têm o direito de pertencerem a uma comunidade ou nação indígena, em conformidade com as tradições e costumes da comunidade ou nação em questão. Nenhum tipo de discriminação poderá resultar do exercício desse direito.

Artigo 10
Os povos indígenas não serão removidos à força de suas terras ou territórios. Nenhum traslado se realizará sem o consentimento livre, prévio e informado dos povos indígenas interessados e sem um acordo prévio sobre uma indenização justa e equitativa e, sempre que possível, com a opção do regresso.

Artigo 11
1. Os povos indígenas têm o direito de praticar e revitalizar suas tradições e costumes culturais. Isso inclui o direito de manter, proteger e desenvolver as manifestações passadas, presentes e futuras de suas culturas, tais como sítios arqueológicos e históricos, utensílios, desenhos, cerimônias, tecnologias, artes visuais e interpretativas e literaturas.
2. Os Estados proporcionarão reparação por meio de mecanismos eficazes, que poderão incluir a restituição, estabelecidos conjuntamente com os povos indígenas, em relação aos bens culturais, intelectuais, religiosos e espirituais de que tenham sido privados

sem o seu consentimento livre, prévio e informado, ou em violação às suas leis, tradições e costumes.

Artigo 12

1. Os povos indígenas têm o direito de manifestar, praticar, desenvolver e ensinar suas tradições, costumes e cerimônias espirituais e religiosas; de manter e proteger seus lugares religiosos e culturais e de ter acesso a estes de forma privada; de utilizar e dispor de seus objetos de culto e de obter a repatriação de seus restos humanos.
2. Os Estados procurarão facilitar o acesso e/ou a repatriação de objetos de culto e restos humanos que possuam, mediante mecanismos justos, transparentes e eficazes, estabelecidos conjuntamente com os povos indígenas interessados.

Artigo 13

1. Os povos indígenas têm o direito de revitalizar, utilizar, desenvolver e transmitir às gerações futuras suas histórias, idiomas, tradições orais, filosofias, sistemas de escrita e literaturas, e de atribuir nomes às suas comunidades, lugares e pessoas e de mantê-los.
2. Os Estados adotarão medidas eficazes para garantir a proteção desse direito e também para assegurar que os povos indígenas possam entender e ser entendidos em atos políticos, jurídicos e administrativos, proporcionando para isso, quando necessário, serviços de interpretação ou outros meios adequados.

Artigo 14

1. Os povos indígenas têm o direito de estabelecer e controlar seus sistemas e instituições educativos, que ofereçam educação em seus próprios idiomas, em consonância com seus métodos culturais de ensino e de aprendizagem.

2. Os indígenas, em particular as crianças, têm direito a todos os níveis e formas de educação do Estado, sem discriminação.
3. Os Estados adotarão medidas eficazes, junto com os povos indígenas, para que os indígenas, em particular as crianças, inclusive as que vivem fora de suas comunidades, tenham acesso, quando possível, à educação em sua própria cultura e em seu próprio idioma.

Artigo 15

1. Os povos indígenas têm direito a que a dignidade e a diversidade de suas culturas, tradições, histórias e aspirações sejam devidamente refletidas na educação pública e nos meios de informação públicos.
2. Os Estados adotarão medidas eficazes, em consulta e cooperação com os povos indígenas interessados, para combater o preconceito e eliminar a discriminação, e para promover a tolerância, a compreensão e as boas relações entre os povos indígenas e todos os demais setores da sociedade.

Artigo 16

1. Os povos indígenas têm o direito de estabelecer seus próprios meios de informação, em seus próprios idiomas, e de ter acesso a todos os demais meios de informação não indígenas, sem qualquer discriminação.
2. Os Estados adotarão medidas eficazes para assegurar que os meios de informação públicos reflitam adequadamente a diversidade cultural indígena. Os Estados, sem prejuízo da obrigação de assegurar plenamente a liberdade de expressão, deverão incentivar os meios de comunicação privados a refletirem adequadamente a diversidade cultural indígena.

Artigo 17

1. Os indivíduos e povos indígenas têm o direito de desfrutar plenamente de todos os direitos estabelecidos no direito trabalhista internacional e nacional aplicável.

2. Os Estados, em consulta e cooperação com os povos indígenas, adotarão medidas específicas para proteger as crianças indígenas contra a exploração econômica e contra todo trabalho que possa ser perigoso ou interferir na educação da criança, ou que possa ser prejudicial à saúde ou ao desenvolvimento físico, mental, espiritual, moral ou social da criança, tendo em conta sua especial vulnerabilidade e a importância da educação para o pleno exercício dos seus direitos.

3. As pessoas indígenas têm o direito de não serem submetidas a condições discriminatórias de trabalho, especialmente em matéria de emprego ou de remuneração.

Artigo 18

Os povos indígenas têm o direito de participar da tomada de decisões sobre questões que afetem seus direitos, por meio de representantes por eles eleitos de acordo com seus próprios procedimentos, assim como de manter e desenvolver suas próprias instituições de tomada de decisões.

Artigo 19

Os Estados consultarão e cooperarão de boa-fé com os povos indígenas interessados, por meio de suas instituições representativas, a fim de obter seu consentimento livre, prévio e informado antes de adotar e aplicar medidas legislativas e administrativas que os afetem.

Artigo 20

1. Os povos indígenas têm o direito de manter e desenvolver seus sistemas ou instituições políticas, econômicas e sociais, de que lhes seja assegurado o desfrute de seus próprios meios de subsistência e desenvolvimento e de dedicar-se livremente a todas as suas atividades econômicas, tradicionais e de outro tipo.

2. Os povos indígenas privados de seus meios de subsistência e desenvolvimento têm direito a uma reparação justa e equitativa.

Artigo 21

1. Os povos indígenas têm direito, sem qualquer discriminação, à melhora de suas condições econômicas e sociais, especialmente nas áreas da educação, emprego, capacitação e reconversão profissionais, habitação, saneamento, saúde e seguridade social.

2. Os Estados adotarão medidas eficazes e, quando couber, medidas especiais para assegurar a melhora contínua das condições econômicas e sociais dos povos indígenas. Particular atenção será prestada aos direitos e às necessidades especiais de idosos, mulheres, jovens, crianças e portadores de deficiência indígenas.

Artigo 22

1. Particular atenção será prestada aos direitos e às necessidades especiais de idosos, mulheres, jovens, crianças e portadores de deficiência indígenas na aplicação da presente Declaração.

2. Os Estados adotarão medidas, junto com os povos indígenas, para assegurar que as mulheres e as crianças indígenas desfrutem de proteção e de garantias plenas contra todas as formas de violência e de discriminação.

Artigo 23

Os povos indígenas têm o direito de determinar e elaborar prioridades e estratégias para o exercício do seu direito ao desenvolvimento. Em especial, os povos indígenas têm o direito de participar ativamente da elaboração e da determinação dos programas de saúde, habitação e demais programas econômicos e sociais que lhes afetem e, na medida do possível, de administrar esses programas por meio de suas próprias instituições.

Artigo 24

1. Os povos indígenas têm direito a seus medicamentos tradicionais e a manter suas práticas de saúde, incluindo a conservação de suas plantas, animais e minerais de interesse vital do ponto de vista médico. As pessoas indígenas têm também direito ao acesso, sem qualquer discriminação, a todos os serviços sociais e de saúde.
2. Os indígenas têm o direito de usufruir, por igual, do mais alto nível possível de saúde física e mental. Os Estados tomarão as medidas que forem necessárias para alcançar progressivamente a plena realização deste direito.

Artigo 25

Os povos indígenas têm o direito de manter e de fortalecer sua própria relação espiritual com as terras, territórios, águas, mares costeiros e outros recursos que tradicionalmente possuam ou ocupem e utilizem, e de assumir as responsabilidades que a esse respeito incorrem em relação às gerações futuras.

Artigo 26

1. Os povos indígenas têm direito às terras, territórios e recursos que possuem e ocupam tra-

dicionalmente ou que tenham de outra forma utilizado ou adquirido.

2. Os povos indígenas têm o direito de possuir, utilizar, desenvolver e controlar as terras, territórios e recursos que possuem em razão da propriedade tradicional ou de outra forma tradicional de ocupação ou de utilização, assim como aqueles que de outra forma tenham adquirido.

3. Os Estados assegurarão reconhecimento e proteção jurídicos a essas terras, territórios e recursos. Tal reconhecimento respeitará adequadamente os costumes, as tradições e os regimes de posse da terra dos povos indígenas a que se refiram.

Artigo 27

Os Estados estabelecerão e aplicarão, em conjunto com os povos indígenas interessados, um processo equitativo, independente, imparcial, aberto e transparente, no qual sejam devidamente reconhecidas as leis, tradições, costumes e regimes de posse da terra dos povos indígenas, para reconhecer e adjudicar os direitos dos povos indígenas sobre suas terras, territórios e recursos, compreendidos aqueles que tradicionalmente possuem, ocupam ou de outra forma utilizem. Os povos indígenas terão direito de participar desse processo.

Artigo 28

1. Os povos indígenas têm direito à reparação, por meios que podem incluir a restituição ou, quando isso não for possível, uma indenização justa, imparcial e equitativa, pelas terras, territórios e recursos que possuíam tradicionalmente ou de outra forma ocupavam ou utilizavam, e que tenham sido confiscados, tomados, ocupados, utilizados ou danificados sem seu consentimento livre, prévio e informado.

2. Salvo se de outro modo livremente decidido pelos povos interessados, a indenização se fará sob a forma de terras, territórios e recursos de igual qualidade, extensão e condição jurídica, ou de uma indenização pecuniária ou de qualquer outra reparação adequada.

Artigo 29

1. Os povos indígenas têm direito à conservação e à proteção do meio ambiente e da capacidade produtiva de suas terras ou territórios e recursos. Os Estados deverão estabelecer e executar programas de assistência aos povos indígenas para assegurar essa conservação e proteção, sem qualquer discriminação.
2. Os Estados adotarão medidas eficazes para garantir que não se armazenem, nem se eliminem materiais perigosos nas terras ou territórios dos povos indígenas, sem seu consentimento livre, prévio e informado.
3. Os Estados também adotarão medidas eficazes para garantir, conforme seja necessário, que programas de vigilância, manutenção e restabelecimento da saúde dos povos indígenas afetados por esses materiais, elaborados e executados por esses povos, sejam devidamente aplicados.

Artigo 30

1. Não se desenvolverão atividades militares nas terras ou territórios dos povos indígenas a menos que essas atividades sejam justificadas por um interesse público pertinente ou livremente decididas com os povos indígenas interessados, ou por estes solicitadas.
2. Os Estados realizarão consultas eficazes com os povos indígenas interessados, por meio de procedi-

mentos apropriados e, em particular, por intermédio de suas instituições representativas, antes de utilizar suas terras ou territórios para atividades militares.

Artigo 31

1. Os povos indígenas têm o direito de manter, controlar, proteger e desenvolver seu patrimônio cultural, seus conhecimentos tradicionais, suas expressões culturais tradicionais e as manifestações de suas ciências, tecnologias e culturas, compreendidos os recursos humanos e genéticos, as sementes, os medicamentos, o conhecimento das propriedades da fauna e da flora, as tradições orais, as literaturas, os desenhos, os esportes e jogos tradicionais e as artes visuais e interpretativas. Também têm o direito de manter, controlar, proteger e desenvolver sua propriedade intelectual sobre o mencionado patrimônio cultural, seus conhecimentos tradicionais e suas expressões culturais tradicionais.
2. Em conjunto com os povos indígenas, os Estados adotarão medidas eficazes para reconhecer e proteger o exercício desses direitos.

Artigo 32

1. Os povos indígenas têm o direito de determinar e de elaborar as prioridades e estratégias para o desenvolvimento ou a utilização de suas terras ou territórios e outros recursos.
2. Os Estados celebrarão consultas e cooperarão de boa fé com os povos indígenas interessados, por meio de suas próprias instituições representativas, a fim de obter seu consentimento livre e informado antes de aprovar qualquer projeto que afete suas terras ou territórios e outros recursos, particularmente em relação ao desenvolvimento, à utilização ou à exploração de recursos minerais, hídricos ou de outro tipo.

3. Os Estados estabelecerão mecanismos eficazes para a reparação justa e equitativa dessas atividades, e serão adotadas medidas apropriadas para mitigar suas consequências nocivas nos planos ambiental, econômico, social, cultural ou espiritual.

Artigo 33

1. Os povos indígenas têm o direito de determinar sua própria identidade ou composição conforme seus costumes e tradições. Isso não prejudica o direito dos indígenas de obterem a cidadania dos Estados onde vivem.
2. Os povos indígenas têm o direito de determinar as estruturas e de eleger a composição de suas instituições em conformidade com seus próprios procedimentos.

Artigo 34

Os povos indígenas têm o direito de promover, desenvolver e manter suas estruturas institucionais e seus próprios costumes, espiritualidade, tradições, procedimentos, práticas e, quando existam, costumes ou sistema jurídicos, em conformidade com as normas internacionais de direitos humanos.

Artigo 35

Os povos indígenas têm o direito de determinar as responsabilidades dos indivíduos para com suas comunidades.

Artigo 36

1. Os povos indígenas, em particular os que estão divididos por fronteiras internacionais, têm o direito de manter e desenvolver contatos, relações e cooperação, incluindo atividades de caráter espiritual, cultural, político, econômico e social, com

seus próprios membros, assim como com outros povos através das fronteiras.
2. Os Estados, em consulta e cooperação com os povos indígenas, adotarão medidas eficazes para facilitar o exercício e garantir a aplicação desse direito.

Artigo 37
1. Os povos indígenas têm o direito de que os tratados, acordos e outros arranjos construtivos concluídos com os Estados ou seus sucessores sejam reconhecidos, observados e aplicados e de que os Estados honrem e respeitem esses tratados, acordos e outros arranjos construtivos.
2. Nada do disposto na presente Declaração será interpretado de forma a diminuir ou suprimir os direitos dos povos indígenas que figurem em tratados, acordos e outros arranjos construtivos.

Artigo 38
Os Estados, em consulta e cooperação com os povos indígenas, adotarão as medidas apropriadas, incluídas medidas legislativas, para alcançar os fins da presente Declaração.

Artigo 39
Os povos indígenas têm direito a assistência financeira e técnica dos Estados e por meio da cooperação internacional para o desfrute dos direitos enunciados na presente Declaração.

Artigo 40
Os povos indígenas têm direito a procedimentos justos e equitativos para a solução de controvérsias com os Estados ou outras partes e a uma decisão rápida sobre essas controvérsias, assim como a recursos eficazes contra toda violação de seus direitos

individuais e coletivos. Essas decisões tomarão devidamente em consideração os costumes, as tradições, as normas e os sistemas jurídicos dos povos indígenas interessados e as normas internacionais de direitos humanos.

Artigo 41

Os órgãos e organismos especializados do sistema das Nações Unidas e outras organizações intergovernamentais contribuirão para a plena realização das disposições da presente Declaração mediante a mobilização, especialmente, da cooperação financeira e da assistência técnica. Serão estabelecidos os meios para assegurar a participação dos povos indígenas em relação aos assuntos que lhes afetem.

Artigo 42

As Nações Unidas, seus órgãos, incluindo o Fórum Permanente sobre Questões Indígenas, e organismos especializados, particularmente em nível local, bem como os Estados, promoverão o respeito e a plena aplicação das disposicões da presente Declaração e zelarão pela eficácia da presente Declaração.

Artigo 43

Os direitos reconhecidos na presente Declaração constituem as normas mínimas para a sobrevivência, a dignidade e o bem-estar dos povos indígenas do mundo.

Artigo 44

Todos os direitos e as liberdades reconhecidos na presente Declaração são garantidos igualmente para o homem e a mulher indígenas.

Artigo 45

Nada do disposto na presente Declaração será interpretado no sentido de reduzir ou suprimir os direitos que os povos indígenas têm na atualidade ou possam adquirir no futuro.

Artigo 46

1. Nada do disposto na presente Declaração será interpretado no sentido de conferir a um Estado, povo, grupo ou pessoa qualquer direito de participar de uma atividade ou de realizar um ato contrário à Carta das Nações Unidas ou será entendido no sentido de autorizar ou de fomentar qualquer ação direcionada a desmembrar ou a reduzir, total ou parcialmente, a integridade territorial ou a unidade política de Estados soberanos e independentes.
2. No exercício dos direitos enunciados na presente Declaração, serão respeitados os diretos humanos e as liberdades fundamentais de todos. O exercício dos direitos estabelecidos na presente Declaração estará sujeito exclusivamente às limitações previstas em lei e em conformidade com as obrigações internacionais em matéria de direitos humanos. Essas limitações não serão discriminatórias e serão somente aquelas estritamente necessárias para garantir o reconhecimento e o respeito devidos aos direitos e às liberdades dos demais e para satisfazer as justas e mais urgentes necessidades de uma sociedade democrática.
3. As disposições enunciadas na presente Declaração serão interpretadas em conformidade com os princípios da justiça, da democracia, do respeito aos direitos humanos, da igualdade, da não-discriminação, da boa governança e da boa-fé.

Fonte: Centro de Informação das Nações Unidas, Rio de Janeiro (RJ). Acessível em: www.acnur.org/fileadmin/Documentos/portugues/BDL/Declaracao_das_Nacoes_Unidas_sobre_os_Direitos_dos_Povos_Indigenas.pdf

Útil para compreender a importância e o alcance dessa nova norma é o material denominado "Declaração das Nações Unidas sobre os Direitos dos Povos Indígenas: Perguntas e Respostas", publicado em 2008 pelo escritório da Unesco em Brasília, isto é, a divisão das Nações Unidas para a Educação, a Ciência e a Cultura. Ele está acessível em: https://unesdoc.unesco.org/ark:/48223/pf0000152708.

Embora dirigido aos Estados, como é o caso das convenções internacionais, esta Declaração pode ser invocada também pelo simples cidadão, como esclarece o item VI, número 21 do documento "Perguntas e Respostas" anteriormente citado:

VI – Quais as consequências da adoção da Declaração?

(...)

21. Como a Declaração pode ser usada? A Declaração pode e deve ser invocada por qualquer pessoa, sempre que houver uma situação de opressão ou de violação de direitos indígenas. A Declaração reflete um compromisso do Estado e todos os seus poderes – no nível federal, estadual e municipal – com os povos indígenas. Assim, a Declaração pode ser

usada para guiar projetos de leis, políticas públicas e decisões judiciais sobre assuntos indígenas em todos os níveis. A Declaração pode ainda ser usada por toda a sociedade para conscientização sobre os povos indígenas, suas situações e aspirações particulares, auxiliando no combate ao racismo, à discriminação e à violência cometidos contra os povos indígenas.

2
Espiritualidade nas águas indígenas

Muitos pensam que espiritualidade deve ser formalizada em igrejas, em instituições religiosas, em cerimônias, em rezas etc. A espiritualidade deve ser exercida como um direito humano. A espiritualidade é SER: "EU SOU" em todos os momentos e todos os dias da vida. Estar espiritualizado é estar consciente de seu papel de cidadão em todos os momentos: no mato, na floresta, nos campos, nos trens, nas ruas, nos barcos, nas casas, nas relações interpessoais, nos trabalhos... Aí a lista não termina. Essa maravilhosa manifestação de amor quando se ora ou se medita em torno de "ser", e não de "ter", deveria ser uma tônica no ser humano. Ser espiritualizado é exercer no dia a dia seus deveres para consigo mesmo e para com o próximo com ética profunda.

Assim é a relação dos povos indígenas com a água, uma relação de muito respeito e proteção. E não de posse!

A água é uma força de intenções extraordinárias se levada como costume de vida respeitado, como ser sagrado. Antigos povos da Ásia, povos indígenas, assim a consideram, haja vista os objetivos do fortalecimento da mente e do corpo por meio da meditação, da yoga e dos exercícios físicos.

Convido vocês a manter essa energia vital para os próximos tempos quando precisaremos enfrentar situações políticas e sociais no país ou no mundo, enfrentar outra pandemia de Covid, variantes, surtos de viroses, gripes, conflitos e guerras. O fortalecimento da mente e do espírito, conectados à natureza, principalmente à água, transforma a humanidade.

A água se contrasta à terra. A água dá vitalidade à terra e ao ser humano. A água abençoa, limpa e purifica.

A percepção ou a conscientização de algo se dá justamente nos contrastes. Vejamos: um é luz; o outro é noite. Um é claro; o outro é escuro. Um tem fome; o outro já comeu. Um está sadio; o outro está doente. Um quer cura; o outro, alienação. Um é vermelho;

o outro é verde. Um quer paz; o outro quer guerra. A linha tênue entre os dois contrastes é a força e a capacidade que cada um tem para transmutações. É o autoconhecimento de cada. Para adquirir essa força, é preciso romper correntes e atravessar o portal. Ao atravessar esse portal, ganha-se alma e unem-se as mentes contraditórias e sabe-se que viver a vida tem um objetivo comum: amar, ser solidário, existir com fins pacíficos e produzir. Isso é vida! Quando se percebe a água, percebemos a vida.

PLANETA TERRA
Basta de fome e tragédias!
"Neste dia de mudanças cósmicas,
físicas e transcendentais, a humanidade
    se transubstancia para "O Novo Homem,
    A Nova Mulher".
Assim esperamos...
Que Xamãs, Sacerdotes, Sacerdotisas das Águas,
Pajés de Hoje e Ancestrais, Mestres do Universo,
Líderes Espirituais do todo o Sempre
comunguem esse novo Tempo e reconstruam o
Templo de nossas almas, corações e mentes.
Que a miséria do mundo se extinga.
Que as crianças na África e no mundo inteiro
tenham um novo amanhecer.
Que o povo feche a porta da desgraça humana
para sempre,
a criar uma Nova Energia.

A água tem sido motivo de debates nas salas de aula, nos encontros ecológicos e todos irão refletir e discutir sobre ela; porém, como sempre, serão discutidas formas e apresentadas importantes ideias para preservação da água no planeta Terra. E não duvide de que toda e qualquer sugestão será bem-vinda, mas, como sempre, protelada por mais algumas décadas.

Assim, vemos alguns questionamentos: Quanto tempo temos? Nossos filhos, netos e gerações seguintes vão ter chance de reverter este tempo? Por que nossa geração e as antecedentes não conseguiram aproveitar o tempo que tiveram? Conseguimos imaginar o que será da vida nesta nossa casa chamada Terra quando não mais houver água para nada? Quando isso acontecer, teremos para onde ir para sobreviver? Onde está o nosso instinto de preservação da espécie quando se trata de cuidar da nossa sobrevivência?

A essencialidade da água é evidente e nos remete para muitas dimensões da existência.

Em muitos preceitos espirituais, a água é fonte não só de vida, mas também da cura, coloca-nos ao pé do Divino, transcende-nos e acolhe-nos em inúmeras culturas.

Os povos originários de todos os cantos do mundo precisam ser ouvidos com seus saberes e ações. No Brasil, por exemplo, indígenas e quilombolas são vetores importantes que nos dão exemplos valiosos de como preservar e usar a água de forma consciente e sustentável.

Enquanto na Índia o rio Ganges é sagrado para os hindus, os rios das maiores cidades do mundo estão sofrendo com as consequências da poluição, assim como os rios da Amazônia, tão importantes para ribeirinhos, indígenas, quilombolas, quebradeiras de coco, seringueiros, povos da floresta e animais. A importância da água para a espiritualidade indígena é essencial e precisamos seguir exemplos como esses para despertar nosso sentido de preservação da vida.

Nossa fonte mais vital está sendo vilipendiada e chega a ser quase um suicídio a maneira como desprezamos esse fato em nosso corriqueiro cotidiano. O mundo se esquece da água, quando ela é o bem mais precioso da terra e da vida. Sem água, ninguém vive.

DORES E TROCAS
Há momentos especiais na vida em que uma amizade
ou irmandade transcende as lágrimas,
Percalços, dores e enfermidades...

E nos ajudam a enfrentar obstáculos.
Hoje foi um dia assim.
Três horas de diálogos, confidências,
Mas uma eternidade de emoções, ajuda, solidariedade,
informações, risos e trocas.
Em momentos difíceis ou cruéis
Uma alma e uma mão amigas salvam a vida.

3

Pedagogia da natureza

MAGNITUDE DO OLHAR
Vêm, olhos meus,
Enxerga a flor aberta que te vê
Vem para a luz de nosso olhar
E grita ao mundo
Que sabedoria
É para os que têm mente
E coração abertos
P'ra viver livre e sonhar.
Vamos nesse barco: abre a janela do meu peito!

O mês de setembro surge todos os anos, mês da primavera, das flores, das cantigas e dos amores. É hora de sorrir, é hora de dar uma trégua e começar de novo. Corre pra mim, me grita aos ouvidos, me chama de amiga. Teus beijos, teu cheiro, teu olhar, como esquecer? Quando vou atravessar o rio que corre para o mar, meu Brasil? Eu te amo, meu país!

A educação no Brasil nunca foi uma prática para a liberdade, ao contrário do que queria o educador Paulo Freire (1921-1997), e tampouco para a humanidade. A construção do povo brasileiro, formada por uma miscigenação autoritária e assassina, desde os tempos coloniais, nunca teve empatia pelos povos originários, aqueles que aqui já estavam antes mesmo da pretensa descoberta do Brasil.

O ódio que se instalou contra os povos indígenas vem de muitos séculos atrás, assim como o ódio à população afro-brasileira. Existe racismo no Brasil? Claro que sim! E esse ódio recai sobre todos os que desejam democracia. E quem estiver no caminho do desenvolvimento insustentável do poder, da ganância, dos lucros fáceis e atrapalhar o trânsito, certamente sofrerá as consequências trágicas, como aconteceu com líderes e famílias indígenas em todo o território nacional.

Marçal Tupã-Y, Guarani Kaiowá morador da Aldeia Campestre, de Mato Grosso do Sul, assassinado em 1983 pelas mãos sujas de latifundiários, é um dos casos mais emblemáticos de crimes brutais desta era moderna, assim como o Massacre dos Tikuna em 1988, no Amazonas; dos 16 indígenas Yanomami em 1993 – que se tornou conhecido como Massacre de Haximu, perpetrado por garimpeiros ilegais –; e a morte brutal do Pataxó Galdino, que foi queimado vivo em 1997 por servidores públicos em Brasília. E conterrâneos e aliados da luta pelo direito à vida das etnias brasileiras continuarão a ser aviltados, esquartejados, pelo submundo do crime organizado e da destruição da natureza.

O número de indígenas assassinados no Brasil em 2020 foi o mais alto em 25 anos. Segundo relatório divulgado pelo Conselho Missionário Indigenista (Cimi) e divulgado pelo jornal O Globo, do Rio de Janeiro, ocorreram 182 assassinatos, um recorde desde que o levantamento começou a ser divulgado, em 1995. Segundo a edição de 28/10/ 2021 do jornal, em comparação com 2019, quando foram contabilizados 113 assassinatos, a alta foi de 61%. O Conselho Indigenista Missionário (Cimi) registrou ainda que 2020 foi trágico, pois a violência contra os povos indígenas atingiu o mais alto patamar dos últimos cinco anos, considerando crimes contra a vida e o patrimônio. A pandemia de Covid-19 não inibiu a ação de invasores.

Conforme publicação da Apib (Articulação dos Povos Indígenas do Brasil), de 23 de julho de 2023, entre 2019 e 2022, foram registrados 795 assassinatos de pessoas indígenas durante o governo anti-indígena de Jair Bolsonaro, de acordo com o relatório "Violência contra os povos indígenas no Brasil", do Cimi, lançado em 26 de julho. O dado representa aumento de 54% em comparação aos governos de Dilma Rousseff e Michel Temer (entre 2015 e 2018), quando 500 indígenas foram assassinados no Brasil.

Indígenas sempre denunciaram o avanço do desmatamento, da predação pelo garimpo, da invasão das terras indígenas. Líderes indígenas da área jurídica pesquisavam e recolhiam informações sobre ações dos garimpeiros ilegais, envenenadores de rios, narcotraficantes, milicianos, contrabandistas, grileiros, exploradores de madeira e a relação disso tudo com os povos indígenas e a Amazônia.

Quem trabalha para essa máfia? São os executores de crimes, arraia-miúda reacionária da população rural ou urbana, os lambe-botas do fascismo. Os que não tiveram acesso aos estudos e que não conheceram a prática para a liberdade e para a humanidade com relação à educação no Brasil. Se fosse no passado, esses seriam os bandeirantes, os capitães do mato, os estupradores das mulheres negras e indígenas, os donos de engenho, os lacaios das capitanias hereditárias e seus governadores-gerais corruptos, que cooptavam pobres, roubavam e assassinavam os indígenas que se rebelassem à época. Não é diferente nos tempos de hoje. As populações indígenas continuam sofrendo violências dos mandantes de crimes contra suas mulheres, crianças e idosos nos diferentes estados brasileiros.

Há uma cronologia histórica e política que marca avanços e derrotas dos direitos indígenas no país, desde as bulas papais até a Constituição de 1988, no capítulo referente aos povos indígenas. Tal Constituição apenas reconheceu aquilo que já era nosso e que foi confirmado pela Convenção 169 da OIT, como já vimos. Mesmo com todos os instrumentos jurídicos nacionais e internacionais, como a Declaração Universal dos Direitos dos Povos Indígenas da ONU, os direitos étnicos são desrespeitados por governos anti-indígenas.

O ex-presidente Jair Bolsonaro afirmou que, em seu governo (de janeiro de 2019 a dezembro de 2022), nenhuma terra iria ser demarcada para os povos indígenas. Cumpriu sua palavra. E a legislação relativa ao marco temporal, voltada para favorecer o agronegócio e as empresas privadas, defende a ideia de que os povos indígenas só têm direito de reivindicar uma terra caso estivessem nela quando a Constituição foi promulgada, em 1988, como se nunca tivesse havido expulsão de etnias de seus territórios originais.

Tal marco é inconstitucional, viola os direitos territoriais indígenas e cria insegurança jurídica. O Supremo Tribunal Federal (STF) precisa se posicionar diante daquilo que a Constituição estabelece. E se posicionou: em setembro de 2023, disse **"Não" ao marco temporal** 🔗 ▶, que, segundo o jornal *O Globo*, de maio de 2023, poderia afetar negativamente até 95% das terras indígenas, incluindo as já demarcadas.

As primeiras nações indígenas já estavam aqui nas Américas quando a colonização se impôs, afirmou há quase quatro décadas o grande chefe Cree do Canadá, Ovide Mercredi, declarando ainda que nossos ancestrais esperam justiça pelo massacre histórico e coletivo sofrido.

A natureza é um bem de todos, a água e o ar são bens coletivos. Sem água e comida o povo não vive. Não comemos dinheiro, e o governo Bolsonaro nos matou apenas com seus decretos ou leis – assim tem sido desde os primórdios.

Basta!

"NÃO" AO MARCO TEMPORAL

"Grande vitória, mas não fim da ameaça" foi o título dado pela BBC News à matéria sobre a derrota do projeto de marco temporal no Supremo Tribunal Federal, ocorrida por 9 votos "Não" a 2 votos "Sim" no dia 21/09/2023 em Brasília. A rejeição da tese como inconstitucional pelo STF foi festejada no país por representantes de todas as etnias originárias. Contudo, acendeu de imediato a reação da bancada ruralista no Senado, que seis dias depois, em 27 de setembro, conseguiu aprovar, por 43 votos a favor e 21 contra, um projeto de lei (PL 2.903/2023), já encaminhado pela Câmara dos Deputados (PL 490/2007), que estabelece o marco temporal. Para começar a vigorar, esse projeto deve receber a sanção do presidente da República, que pode vetar total ou parcialmente a matéria. Este panorama é o da "guerra" entre os poderes, que há tempos envolve STF e Congresso Nacional, estando agora prestes a alcançar também o Executivo frente ao grupo de congressistas ligados ao chamado Centrão.

De acordo com o Instituto de Pesquisa Ambiental da Amazônia (IPAM), dedicado a pesquisa científica, inovação e conservação florestal na região, o marco temporal e os projetos de lei a ele associados poderão promover um desmatamento sem precedentes na Amazônia, alcançando também Cerrado e Pantanal, colocando em risco o equilíbrio climático da região e do país como um todo. "Nos aproximaremos perigosamente do 'ponto sem retorno' que dezenas de cientistas vêm preconizando; estas iniciativas esdrúxulas ameaçam a segurança nacional", afirmou Paulo Moutinho, pesquisador sênior do IPAM e coordenador do estudo.

Os pesquisadores levantaram dois cenários para as terras indígenas existentes (já demarcadas):
1. grave, com previsão de desmatamento futuro de 20% nas terras indígenas na Amazônia e de 50% para Cerrado e Pantanal; e
2. muito grave, com desmatamento de 50% nas terras indígenas da Amazônia e de 70% para Cerrado e Pantanal.

"É preciso entender que respeitar os direitos originários é essencial para todos. Povos indígenas são as raízes da nossa sociedade e seus conhecimentos tradicionais são a base para mantermos o clima equilibrado. Diversos países e cientistas já reconhecem essa importância. Agora, o Brasil precisa fazer seu dever de casa", declarou Martha Fellows, coordenadora do núcleo de estudos indígenas do IPAM.

Terras indígenas ocupam apenas 13% do território nacional e são as categorias fundiárias com as menores taxas de desmatamento (inferior a 2%) da região amazônica, quando comparadas com o desmatamento em áreas privadas (superior a 30%). Porém, de 2019 a 2021, só na Amazônia, o aumento do desmatamento em terras indígenas foi de 153% em comparação com o triênio anterior, e poderá se agravar se as alterações na legislação sobre os direitos indígenas forem aprovadas.

Fontes: BBCNews: "Grande vitória, mas não fim da ameaça". Disponível em https://www.bbc.com/portuguese/articles/c16k386gzrko. Acesso em 4 ouut 2023; IPAM: "Combinação nefasta: pl 490 e marco temporalmeaçam direitos indígenas.

Tempos passam. Não havia determinação política dos governos para uma transformação. Formou-se uma população brasileira empobrecida, mão de obra escrava. Foi dessa forma que nasceu a autoestima do povo brasileiro. Uma autoestima baixa, que luta até hoje pela sobrevivência física, cultural, espiritual, territorial e ancestral e que ainda sobrevive com o sistema econômico. Procura mudança de *status*, mas recai no racismo estrutural.

No entanto, maravilhosas mentes criativas já trabalham para uma prática libertadora, como a classe artística, setores educacionais, áreas da medicina sanitária e alguns setores político-econômicos. O planeta mudou. E nossos pajés e líderes espirituais de diversos segmentos religiosos, com grande fé no Criador e conectados com a maestria ancestral em alto grau de elevação dos espíritos da natureza, terão novos desafios e trabalhos em paralelo com essas tragédias que atingem a humanidade. Há muito trabalho para a reconstrução deste mundo. Nós, povos indígenas e ativistas dos direitos humanos, não podemos mais aceitar a morte decretada por leis e pela máfia do crime organizado. Somos vida, somos luz, somos futuro do Brasil.

A escola pode contribuir com a formação do "estudante- leitor", adquirindo livros diferenciados e de culturas diferenciadas, além dos livros específicos à cultura do lugar de fala e de leitura. Mas, para isso, o governo precisa apoiar ações com políticas públicas para as escolas, promovendo o incentivo à leitura, oferecendo livros e fazendo com que esses livros possam chegar às crianças, aos jovens, aos adultos e aos pais de alunos de forma concreta e constante. E que os professores sejam incentivados para tal.

Para as escolas indígenas, cada vez mais ativas e numerosas, a educação deve ser diferenciada, assim como deve ser respeitada a língua étnica utilizada por aquele povo. Para isso, professores indígenas devem ser incentivados e valorizados no processo de formação e educação voltadas para a realidade daquela etnia indígena. A escola e o professor são os grandes protagonistas na formação do educando. Se a escola promove boa leitura, os alunos receberão boa educação. Assim se constrói um país.

O Brasil desconhece totalmente a cultura indígena, apesar de a maioria do povo brasileiro ter sangue indígena, pois somos um país miscigenado. Quem não conhece um costume indígena utilizado em sua residência, como dormir e descansar em rede, comer beiju (tapioca), tomar banho diariamente, tomar chá para dor de barriga, por exemplo? As crianças e os jovens vibram quando nossos escritores e nossas escritoras vão a uma escola contar histórias de nossos povos, de nossas origens. Eles viajam num mundo mágico, onde comungam espírito, razão e vida vivida. Eles se sentem contemplados em suas dúvidas sobre etnias, sobre racismo, sobre história, sobre respeito, humanidade e amor. Entendem que a valorização dos anciãos é vital para a ética presente e futura. E que a vida precisa ser vivida com dignidade. E as meninas entendem seu **lugar de fala** ▼ contra o machismo e a violência. Os meninos passam a compreender melhor seu papel na humanidade.

> LUGAR DE FALA
>
> **A ideia de "lugar de fala" deriva das teorias feministas que questionam como o conhecimento acadêmico tem sido construído predominantemente por homens brancos, razão pela qual não se pode dizer que seja isento e objetivo. Isto porque não inclui pontos de vista baseados em experiências de vida em situações desfavoráveis, que esses homens não vivenciam. Diante disso, surgiu o conceito de "conhecimento situado", que des-**

taca o lugar social de quem fala, marcado pelas intersecções das construções sociais de raça/etnia, classe, gênero. Como explica Claudia Pons Cardoso, em sua tese de doutorado "Outras falas: Feminismos na perspectiva de mulheres negras brasileiras", defendida na Bahia, "o grupo é o ponto de origem, suas próprias experiências na adversidade constituem a chave de leitura e entendimento dos processos de discriminação e exclusão, visando à identificação de características comuns nas práticas das instituições dominantes e das relações sociais".

De acordo com os psicólogos sociais portugueses João Manuel de Oliveira e Lígia Amâncio, os conhecimentos situados (ou saberes localizados), decorrentes da crítica dos métodos científicos produzidas pela filósofa estadunidense Donna Haraway, são uma nova proposta de criação de saberes. "Ou seja, implica (...) que se integrem na análise as condições de produção do conhecimento, os seus pressupostos, o *locus* da sua produção, em vez de optar por aquilo que (...) obscurece o carácter localizado do conhecimento e o apresenta simultaneamente como um resultado final e como uma lei universal (seguindo os pressupostos positivistas)."

Fontes: CARDOSO, Claudia P. "Outras falas", Salvador, 2012 (Acessível em: https://repositorio.ufba.br/bitstream/ri/7297/1/Outrasfalas.pdf; Cardoso & Amâncio, "Teorias feministas e representações sociais", *Revista de Estudos Feministas*, 14 (3), dez 2006 Acessível em: https://www.scielo.br/j/ref/a/Lm8BZWqLdHCyCzSKJJLYzHG/

4

Povos étnicos e sua sobrevivência no mundo globalizado

TERRA
A Terra é um organismo vivo
E fala conosco através das chuvas
Dos trovões, da luz do sol
E faz crescer a vegetação,
E ilumina o dia, e nos dá o néctar da vida,
Não só para nós,
Mas para todos os seres vivos
Terrestres, marítimos, fluviais.
A lua é nossa avó, o sol é nosso avô.
Nossos corpos são sagrados
E de nossos úteros brotam vidas.
Vivamos em harmonia então.

A ancestralidade é um veículo da História. Povos indígenas guardam uma infinidade de experiências em seu cotidiano, como a preservação da cultura, das línguas originárias, da identidade indígena, da natureza, das águas e de uma maneira de viver sustentável. Recolhem das matas o suficiente para o seu dia a dia e não criam mais-valia. Essa forma de vivência deu base a muitas discussões e sugestões para a ciência e as tecnologias, tendo sido principalmente fundamento para a Conferência Mundial do Meio Ambiente, realizada pelas Nações Unidas no Rio de Janeiro em 1992 – daí os nomes ECO-92 e Rio-92.

Povos indígenas nunca foram primitivos como anunciam as elites fascistoides, nem "iletrados", nem sem educação, sem hábitos, sem costumes, sem espiritualidade e sem línguas. Os povos originários do planeta, com sua tecnologia e cosmovisão, sobrevivem até hoje, apesar do genocídio implantado. A força ancestral é um manancial imensurável de vida. A valorização dos anciãos é uma determinante na educação das crianças e dos jovens. Povos étnicos do mundo inteiro mostram que, desde os primórdios da civilização, são segmentos diferenciados, com outras maneiras de ser, de coexistir e de pensar. A civilização originária aqui colocada pelo Criador há milhares de anos foi uma civilização que sabia dividir, com papéis definidos e compartilhados entre homens, mulheres, crianças e anciãos, e dotada de grandes conhecimentos tradicionais e filosóficos.

No Nepal, país asiático situado na região dos Himalaias, a mais alta cadeia de montanhas do planeta, no cotidiano das sociedades étnicas, as mães cozinham até hoje comidas orgânicas numa vida altamente rural e original e seus filhos permanecem ali, coladinhos junto ao fogo, dentro de casa, acompanhando os movimentos maternos. Continuam ali ao lado dela, na observação e à espera, caso a mãe lhes peça para cumprir tal função ou ele mesmo tome tal atitude. Por isso, uma criança nepalesa de 6 anos, por exemplo, pode vir a manejar o fogo e cozinhar o arroz para toda a família, incluindo o irmão menorzinho.

Assim é também numa comunidade indígena brasileira. Na hora de cozinhar, toda a família se concentra em torno daquele fogo de lenha, no chão da pequena casa, não só a observar a elaboração do alimento como a se acalentar e proteger do frio. Nesse momento, um comenta seu dia, outro conta uma história, outro sugere tal e tal tempero.

Esse processo coletivo, o cozinhar, que na sociedade moderna é um ato solitário, na maioria das vezes feminino e pesado, se diferencia do que ocorre na sociedade do povo nepalês e de outras etnias do mundo asiático, assim como dos povos étnicos de outros continentes. No simples modo de cozinhar, encontram-se inerentes o princípio e a ética daquele povo, o amor, a solidariedade, a justiça.

Neste caso, vemos peças de carne ou peixes expostos para secar num varal, ou estendidos e espalhados no telhado; vemos uma quantidade imensa de temperos, que, oriundos da própria natureza e com coloridos exacerbados, dão sabores distintos ao alimento. Assim vivem os povos étnicos do Himalaia, do Tibete, da calorosa África, das três Américas ou do Brasil, acolhedor de muitos verdes e amarelos. Povos étnicos ou indígenas existem em todas as partes do mundo, e essa existência sempre constituiu um processo de equilíbrio com a natureza colocada no planeta Terra pelo Criador desde o início da civilização humana. Assim foi na minha casa, onde minha avó e tias-avós organizavam os alimentos pendurados e as batatas-doces, as macaxeiras, os inhames, entre outros ingredientes que se empilhavam no canto do ambiente doméstico.

A Carta da Terra, concluída e divulgada no ano 2000 pela Comissão da **Carta da Terra** 🔗 ▶, composta também por povos indígenas, ofereceu aportes para governos se nortearem acerca da poluição e da destruição do meio ambiente. Com apenas 16 itens, ela se estrutura em quatro princípios maiores: (i) respeitar e cuidar da comunidade de vida, (ii) integridade ecológica, (iii) justiça social e econômica, (iv) democracia, não violência e paz.

CARTA DA TERRA

A Carta da Terra foi redigida em 1992, por ocasião da Conferência Internacional sobre o Meio Ambiente. Povos Indígenas tiveram protagonismo exemplar, representados por um Comitê Intertribal coordenado por Marcos Terena, Idjarruri Karajá, Eliane Potiguara, Megaron Txucarramãe, Álvaro Tukano, Anahí Kaiowá, entre outros. As organizações não governamentais (ONGs) tiveram papel muito importante nessa conferência.

Eis um trecho do preâmbulo da Carta, escrita por todos nós, indígenas e ONGs:

"Estamos diante de um momento crítico na história da Terra, numa época em que a humanidade deve escolher o seu futuro. À medida que o mundo se torna cada vez mais interdependente e frágil, o futuro reserva, ao mesmo tempo, grandes perigos e grandes promessas. Para seguir adiante, devemos reconhecer que, no meio da uma magnífica diversidade de culturas e de formas de vida, somos uma família humana e uma comunidade terrestre com um destino comum. Devemos somar forças para gerar uma sociedade sustentável global, baseada no respeito pela natu-

reza, nos direitos humanos universais, na justiça econômica e numa cultura da paz. Para chegar a este propósito, é imperativo que nós, os povos da Terra, declaremos nossa responsabilidade uns para com os outros, com a grande comunidade da vida e com as futuras gerações."

(...)

devemos decidir viver com um sentido de responsabilidade universal, identificando-nos com a comunidade terrestre como um todo, bem como com nossas comunidades locais. Somos, ao mesmo tempo, cidadãos de nações diferentes e de um mundo no qual as dimensões local e global estão ligadas. Cada um compartilha responsabilidade pelo presente e pelo futuro bem-estar da família humana e de todo o mundo dos seres vivos. O espírito de solidariedade humana e de parentesco com toda a vida é fortalecido quando vivemos com reverência o mistério da existência, com gratidão pelo dom da vida e com humildade em relação ao lugar que o ser humano ocupa na natureza.

Fonte: Quem se interessar, pode ler todo o documento no link: http://www.cartadaterrabrasil.com.br/prt/texto-da-carta-da-terra.html

As sociedades modernas, pós-modernas, contemporâneas, urbanas ou não, do mundo inteiro, tecnológicas e corporativas contestaram os povos ancestrais por estes mostrarem outra forma de vida.

Nesse processo, vemos verdadeiramente os laços do racismo e do preconceito social. É uma luta de classes, da qual os povos da Terra reverentes ao Criador não pediram para participar.

Em outros tempos, povos originários que porventura visitassem sociedades urbanas eram ridicularizados, apedrejados, como aconteceu nos Estados Unidos ou em países europeus na passagem do século XIX para o XX. Os adeptos da Ku Klux Klan, por exemplo, criada em 1865-1866 por supremacistas brancos no interior dos EUA, cometiam atos terroristas e assassinatos contra indivíduos negros e promoviam incêndios em casas habitadas por pessoas de origem africana, chegadas ao país para o trabalho escravo. Essa é a história verdadeira entre sociedades chamadas "modernas" e sociedades oriundas de povos originários.

As grandes matas, como a da Amazônia, os grandes lagos, as grandes montanhas como o Everest no Nepal, os grandes campos, as corredeiras dos rios, enfim... eu ficaria aqui descrevendo os elementos deste planeta maravilhoso, todos colocados aqui pela providência do Grande Criador. No entanto, iria concluir que, hoje, todas essas maravilhas estão ameaçadas pelas mãos dos donos do dinheiro, do capitalismo desenfreado e competidor. O agronegócio, hoje, é o maior destruidor de vidas indígenas e do meio-ambiente. Até onde chegaremos?

Conta a minha avó indígena Potiguara, Maria de Lourdes de Souza, mulher sábia dos peitos grandes e de grande inteligência empreendedora, que de uma banana ela fazia mil. Parece milagre, não é verdade? Mas não! Foram as forças ancestrais e sua cultura tradicional, ambas advindas de seus pais, avós, bisavós e tataravós, que a inspiraram a salvar toda uma família da sua etnia escorraçada de suas terras, fugindo para não se tornar escrava ou ser assassinada, como foi o pai dela, Chico Solón. Meu bisavô, Chico Solón de Souza, um índio Potiguara, foi brutalmente sequestrado e desapareceu por volta de 1920. Naquela época, os indígenas eram transformados em mão de obra semiescrava para trabalhar no plantio do algodão em fazendas administradas pelos neocolonizadores ingleses, que se instalaram nos arredores de rio Tinto, estado da Paraíba.

Houve medo? Claro, quem não teria medo de se submeter às mãos assassinas da neocolonização, que não considerava pessoas indígenas de pele preta pelo sol como seres humanos? Assim foi a colonização no mundo inteiro. O sistema de castas no sul da Índia foi brutal e aterrorizante para quem pertencesse a uma etnia de pele escura. E isso entre o próprio povo indiano, assim como ocorre no Brasil onde o sistema de raças, etnias e de gênero desequilibra o respeito e a igualdade entre seres humanos.

O ar de superioridade racial submergiu indivíduos em todos os tempos e lugares. E quantas vidas perdidas pelas mãos desses homens brutais, sem piedade, sem solidariedade, que perpetuaram o racismo em seu país e tratavam os povos tradicionais, originários, como mulas sem alma? Não tínhamos armas. Tínhamos a sabedoria dos ancestrais. E essa força tradicional nos acompanhou até os dias atuais. Os grandes mestres da sabedoria dos povos originários, como os Maias, os Astecas, os Incas, sucumbiram frente à nova civilização europeia, deles permanecendo, obviamente, a reminiscência – os Chiapas atuais mexicanos e os indígenas Misquitos da Nicarágua, por exemplo.

E onde ficam a essência e a ética da vida humana? Onde ficam a autocrítica e o autoconhecimento de cada um em prol da melhoria daqueles que vêm destruindo e poluindo dia a dia esse grande planeta azul? O que estão ensinando às crianças e aos jovens? É hora de reaprender o que significa o autoconhecimento, grande qualidade dos mestres iniciáticos da valorização do outro, da comunidade, da ancestralidade e dos grandes anciãos.

Voltar-se para si mesmo, para sua essência, para seu povo, enxergar-se no outro e se questionar o tempo todo sobre quem somos nós, esse é um caminho legado pelos grandes filósofos originais e essenciais da natureza humana em todas as partes do mundo. Serão os desastres ambientais, as guerras entre potências, as mortes coletivas capazes de ensinar alguma coisa à humanidade? Ou será que cada um já vem a refletir sobre seu papel nas sociedades? E o respeito? Como vão reconstruir o respeito para quem está ao seu lado?

A evolução começa dentro de si mesmo. Mas, quando se inicia essa evolução interna, eis que aparecem o "egocentrismo", o "meu poder" para se contradizer ao "eu", à energia vital, ao coração, aos princípios mais fundamentais e honestos de cada ser humano. O "meu" tem vencido o "eu". A humanidade está muito longe de compreender o que é o autoconhecimento, filosofia tão simples emanada pelos Cherokee, Mohawk, dos EUA, Guarani, povos indígenas da Amazônia e de todo o Brasil e indivíduos de milhares de etnias originárias, cujo centro do mundo são o coração e a alma, essência da fonte imensurável planetária. Segundo dados de 2015 do Grupo de Trabalho Internacional para Assuntos Indígenas, ONG fundada em 1968 com sede na Dinamarca, estima-se que existam ao menos 5 mil povos indígenas no planeta, somando mais de 370 milhões de pessoas.

O simples fato de as sociedades originárias cozinharem ao pé do fogo de lenha e confraternizarem, como as etnias americanas se juntam para seu **Pow Wow**, ou as etnias brasileiras para dançar o **Toré** 🔗 ▶, por exemplo, convocando seu Criador, homenageando seu hábitat ou agradecendo pela vida, isso destoa totalmente do objetivo de vida imposto pela óptica capitalista. Assim, esse homem e essa mulher simples de alma e com corações puros, desprovidos do ego explorador do sangue do outro, poderão compor a nova sociedade mundial.

E as grandes potências, com sua nova Ordem Mundial, irão literalmente à falência econômica, filosófica e física.

Nota da autora: Este capítulo foi publicado anteriormente na Revista *Dossiê* do Instituto Ciência e Fé (ICF) da PUC Paraná (PUCPR), ano 5, nº 6, jun 2022, cujo reitor é o Ir. Rogerio Renato Mateucci. Também foi autorizada a publicação pelo estimável amigo e companheiro das lutas, o editor e especialista do ICF Douglas Borges Candido, da Editora Pucpress. Email: icf@pucpr.br; Site: www.identidade.pucpr.br/weba/instituto_ciencia_e_fe/quem_somos.html/

POW-WOW E TORÉ

Pow-Wow é uma reunião dos povos nativos da América do Norte. O termo vem da palavra *powwaw*, que significa "líder espiritual" no idioma dos índios Narragansett. Na atualidade, o pow-wow é um tipo específico de evento no qual indígenas e não indígenas se encontram para dançar, cantar, socializar e homenagear a cultura dos povos indígenas norte-americanos. Tais eventos costumam ser preparados com meses de antecedência e durar de algumas horas a três dias ou uma semana, se a ocasião for especial. Pode haver concursos durante o evento.

Toré é um ritual comum a várias etnias do Nordeste brasileiro, como os Pankararu, Pankararé, Kariri-Xocó, Xukuru-Kariri, Potiguara, Geripancó e Fulni-ô. Trata-se de uma manifestação cultural de grande importância para os indígenas, envolvendo tradição, música, religiosidade e brincadeiras.

Fonte: Wikipedia, verbetes Pow-Wow e Toré.

Como vimos, hoje, nas sociedades, muitas mulheres modernas e conscientizadas de seu próprio valor disseminaram os conceitos do "feminino sagrado", trazendo para suas vidas pessoais filosofias que pudessem fortalecê-las a partir da autoestima, da sexualidade, das artes, da cultura, das relações humanas, enfim... um grande leque de atributos.

No entanto, como mulheres indígenas, sabemos que a relação Terra/natureza/mãe/útero é muito forte nos nossos conhecimentos tradicionais, sendo algo que existe desde os primórdios da história indígena e constituindo base para as novas sociedades e para a educação.

As visões indígenas de cosmogonia (que a sociedade chama de "mitos") são o nosso dia a dia, são nossas histórias de vida. São os ensinamentos ancestrais deixados pelas nossas etnias. É importante que a sociedade saiba que a MÃE TERRA é um conceito preliminarmente dos povos originais e ancestrais. Hoje, a sociedade consumista transforma essas informações não só em objetos de estudo, mas também faz apropriação indevida delas com fins altamente capitalistas.

Apesar disso, a sociedade aprendeu com os povos indígenas a valorizar o papel da mulher na coletividade.

A coisa mais bonita que temos dentro de nós próprios é a dignidade. Mesmo que ela esteja maltratada. Mas não há dor ou tristeza que o vento ou o mar não apaguem. E o mais puro ensinamento dos velhos, dos anciãos, parte da sabedoria, da verdade e do amor. Bonito é florir no meio dos ensinamentos impostos pelo poder. Bonito é florir no meio do ódio, da inveja, da mentira ou do lixo da sociedade. Bonito é sorrir ou amar quando uma cachoeira de lágrimas nos cobre a alma! Bonito é poder dizer "sim" e avançar. Bonito é construir e abrir as portas a partir do nada. Bonito é renascer todos os dias. Um futuro digno espera os povos indígenas de todo o mundo. Foram muitas vidas violadas, culturas, tradições, religiões, espiritualidade e línguas.

É tempo de reconstrução e de jamais lamentar. Hoje já sabemos o que somos, o que queremos e para onde vamos. Nas últimas cinco décadas, aprendemos que a batalha não está perdida. A ancestralidade é um veículo da história e nossa reconstrução está sobre essa base.

5
Literatura indígena é para quem?

As mulheres indígenas sempre foram guerreiras, desde os primórdios. E, com a colonização, elas se tornaram mais guerreiras ainda, por conta das brutalidades enfrentadas para defender sua prole e sua família. Conta-se que muitas famílias, para não se submeterem à escravidão, jogavam-se dos penhascos.

Há décadas, os povos indígenas se sentiam acuados por violências, mortes, fome, invasão de terras, desrespeitos aos territórios, à cultura e aos corpos de mulheres e de meninas. Assim, migravam para outras regiões em busca de melhor qualidade de vida e de dignidade. Foi o que aconteceu com as mulheres no interior de suas próprias aldeias, muitas delas partindo para Manaus, para Belém, para Recife e para outras capitais. Também há mais de 30 anos, várias mulheres yanomami fugiram de suas áreas devido à violência, ao estupro, aos maus tratos nas comunidades afetadas pelos garimpos, pela contaminação dos rios, pelo desmatamento, pelas doenças e pela fome.

Essa descoberta atual sobre a violação dos direitos indígenas dos yanomami teve (e continua tendo) a maior cobertura da mídia nacional e da internacional, junto com instituições de direitos humanos. Inclusive, a ONU foi extremamente providencial, porque, há mais de 35 anos, organizações e lideranças indígenas, assim como alguns historiadores, antropólogos e políticos, denunciavam as atrocidades sofridas, mas as vozes não tinham ecos ou espaços na mídia e nem tínhamos uma **Bancada do Cocar** 🔗▶, formada por mulheres indígenas, que hoje pressiona o sistema reacionário.

Assim, estabelecida esta bancada de luta, fica demonstrado que as ações das mulheres guerreiras do passado eram legítimas, porque nossa ancestralidade guerreou pelo direito à existência. Ao lado disso, nas quatro últimas décadas (dos anos 1980 a 2023), várias mulheres indígenas se organizaram e tomaram consciência de seus direitos reprodutivos, de sua saúde em geral, de seu direito à confecção de seus artesanatos e dos trabalhos

BANCADA DO COCAR

A expressão designa o grupo de cinco indígenas eleitos, quatro mulheres e um homem, para uma mesma legislatura, a 57ª – fenômeno inédito na história brasileira –, que tomou posse em 1º de fevereiro de 2023, juntamente com todos os representantes eleitos para a Câmara dos Deputados nas eleições gerais de 2022. Foram eleitos também dois representantes indígenas para o Senado. A ocasião foi de festa na Esplanada, em Brasília, e também em Sobradinho, no Centro de Formação em Política Indigenista da Fundação Nacional dos Povos Indígenas (Funai). A segunda cerimônia, intitulada "Vozes da Ancestralidade dos seis biomas do Brasil", contou com cerca de 300 mulheres indígenas de 93 povos e 22 estados. Os empossados foram Sônia Guajajara (PSOL-SP), Célia Xacriabá (PSOL-MG), Sílvia Waiãpi (PL-AP), Paulo Guedes (PT-MG) e Juliana Cardoso (PT-SP).

Logo após se inteirar dos resultados eleitorais, Sônia Guajajara publicou no Twitter: "Vamos entrar pela porta da frente no Congresso Nacional! Muito obrigada, SP. Fizemos história! Brasília, estamos chegando pra aldear a política!". De fato, depois da posse, ela se licenciou para se tornar chefe do Ministério dos Povos Indígenas, que tem longa agenda pela frente no momento em que ocorre a grande crise humanitária dos yanomami.

Fontes: Agência Câmara de Notícias e Ministério dos Povos Indígenas, Brasília.

na terra, das artes, das pinturas corporais, da alimentação orgânica, das filosofias e das histórias repassadas por avós e bisavós.

Nesse movimento, para não serem perdidas as tradições, nossas histórias estão sendo transformadas em literatura indígena contemporânea, por fim valorizada hoje nos meios acadêmicos, depois de muita luta dos escritores e das escritoras indígenas. Eu mesma defendia e levava comigo um slogan: "Mulheres indígenas, organizem-se mesmo dentro de suas casas!" (1988, *Jornal do Grumin* (Grupo Mulher-Educação Indígena). Mulheres! Tomemos fôlego para as próximas etapas. Esqueçamos decepções ou desamores. A luz que recebes na testa é o sinal.

Ao tecer esta linha histórica das guerreiras indígenas num plano diacrônico, isto é, de sua evolução no tempo, desde o século XIV até o século XXI, percebemos a sincronia do movimento de mulheres indígenas por seus direitos em seus territórios específicos e vemos o fortalecimento desse movimento nos seis biomas brasileiros: Amazônia, Caatinga, Cerrado, Pantanal, Mata Atlântica e Pampa.

A Cerimônia do Sol das guerreiras do século XIV nada mais é do que o equivalente das **Marchas das Mulheres Indígenas** ▶ nos tempos atuais. É esplêndida, glamourosa e sagrada essa linha histórica das mulheres indígenas contemporâneas, em que cada uma tem sua ancestral guerreira em sua alma e em seu coração, uma era cravejada de grande orgulho pelos direitos das mulheres, nossas guerreiras adultas, anciãs e nossas crianças e jovens. Somos todas raízes fincadas na terra, defendemos nossos territórios, nossos corpos e, dessa forma, contribuímos para a Cura da Terra, nosso legado para as novas gerações e para a própria humanidade. Somos as Guardiãs da Terra.

A opressão à população feminina sempre foi muito pesada e intransigente quanto à criação literária das escritoras e poetas de qualquer país. Esta opressão as conduziu a uma condição psicológica sub-humana, tornando-as vítimas de violências e sendo causa de forte baixa autoestima. No Brasil, a colonização estrangeira trouxe essa fotografia para as mulheres negras, indígenas e mesmo para as brancas, afastando-as do protagonismo em relação à escrita e emudecendo as vozes que talvez pudessem surgir. Isso ocorreu, por exemplo, com a maranhense Maria Firmina dos Reis (1822-1917), considerada a primeira romancista negra do Brasil. Ela publicou em 1859 o livro *Úrsula*, que figura como romance inaugural do abolicionismo no país. Este livro foi redescoberto apenas em 1962.

MARCHAS DAS MULHERES INDÍGENAS

Após cinco dias de debates e manifestações em Brasília, as representantes de mais de uma centena de povos indígenas que participaram da I Marcha das Mulheres Indígenas, organizada pela Articulação Nacional das Mulheres Guerreiras da Ancestralidade (ANMIGA), divulgaram o documento final da mobilização, intitulado "Território: Nosso corpo, nosso espírito", que abre com a seguinte declaração:

"Nós, 2.500 mulheres de mais de 130 diferentes povos indígenas, representando todas as regiões do Brasil, reunidas em Brasília (DF), no período de 10 a 14 de agosto de 2019, concebemos coletivamente esse grande encontro marcado pela realização do nosso 1º Fórum e 1ª Marcha das Mulheres Indígenas, queremos dizer ao mundo que estamos em permanente processo de luta em defesa do 'Território: Nosso corpo, nosso espírito'. E, para que nossas vozes ecoem em todo o mundo, reafirmamos nossas manifestações.

Declaram elas ser necessário "fortalecer a potência das mulheres indígenas, retomando nossos valores e memórias matriarcais" nas lutas indígenas. Contra o desmonte da saúde indígena e a favor das políticas específicas e diferenciadas para os povos indígenas na saúde e na educação, elas não se esqueceram de exigir direito de acesso à Justiça pedindo que o Supremo Tribunal Federal (STF) "não permita, nem legitime nenhuma reinterpretação retrógrada e restritiva do direito originário as nossas terras tradicionais".

A luta contra o Marco Temporal – proposta legislativa para restringir o direito dos indígenas ao seu território originário, foi uma divisa na segunda Marcha, ocorrida de 7 a 11 de setembro de 2021, sempre em Brasília (DF), com o tema 'Mulheres Originárias: Reflorestando mentes para a cura da Terra'. Participaram do encontro mais de 5 mil mulheres de 172 povos indígenas de todos os biomas do Brasil. Já a terceira versão da Marcha, com o tema 'Mulheres Biomas: em defesa da biodiversidade, através das raízes ancestrais" aconteceu de 11 a 13 de setembro de 2023 na capital federal, anunciando-se como uma celebração da presença política de mulheres indígenas no Executivo e no Legislativo. Segundo Joênia Wapichana, presidente da Funai, que falou em sessão solene do Congresso Nacional em homenagem à Marfcha, "as mulheres indígenas estão aqui em Brasília para colocar suas demandas e continuar contribuindo com o bem-estar de todos os seres vivos. As mulheres indígenas fazem parte da sociedade brasileira e precisam ocupar cada vez mais espaços de decisão".

Fontes: cimi.org.br/2019/08/, página 3, Catarinas.info, Brasil de Fato (BDF), https://anmiga.org/

A situação do estresse histórico-racial desembocou na autoproibição de expressar-se, no silenciamento propriamente dito e no apagamento das vozes de mulheres que poderiam ter qualidades artísticas, intuitivas e espirituais fortes, apesar do sufocamento.

Muitas morreram sem dizer a que vinham e seus textos e pensamentos ficaram no ar livre que sobrevoa mentes e corações.

A percepção da ancestralidade, aguçada com o sentimento identitário de gênero, raça e etnia, conduziu as mulheres às mais nobres das qualidades, que o poder pátrio tentou apagar. A intuição aflorou nos campos imaginários, ideológicos, psicológicos, nos corações e almas das mulheres. E elas vociferaram. Hoje são guerreiras de um tempo de suor e de dor.

Falam de amor, de sexo, de iluminação, de filosofia, de ciências, de tempos modernos e remotos. Falam da vida e da morte. Mulheres que contam suas vivências e transvivências por meio de seus poemas e de depoimentos sem fim. Nos tempos atuais, mulheres poetas estão a desembainhar suas espadas poéticas.

Ouçamos definitivamente a poesia de mulheres que sabem.

Sim, elas sabem...

Finalmente, a literatura indígena deve ser incentivada por meio da educação indígena, no dia a dia das escolas, para que os próprios indígenas sejam realmente os interlocutores de suas culturas, de suas tradições e de suas visões de vida. No entanto, outro aspecto de fundamental importância há de ser considerado: a tradicionalidade do discurso oral das mulheres e dos homens mais idosos e dos pajés das comunidades. Tradição que não pode, de forma alguma, ser ignorada. Na realidade, esse discurso é a base sólida, é a conceituação, são os princípios primordiais étnicos que fundamentam a tradição e que fundamentarão a escrita, a partir de valores linguísticos próprios de cada povo indígena.

Essa base filosófica e diferenciada norteia as linhas mestras de nossos professores indígenas nas diversas etnias brasileiras, somadas às línguas originais, para constituir a verdadeira educação indígena. Essa forma de educação foi implantada no governo Lula, por meio da Lei nº 11.645/2008, que tornou obrigatório o estudo da história e das culturas indígena e afro-brasileira nos estabelecimentos de ensino fundamental e médio. A norma contempla o ensino dos conceitos dos povos étnicos às crianças brasileiras e aos professores da rede pública e particular de ensino. Nos últimos tempos, a literatura indígena, criada por escritores ou professores, tem contribuído muito para a conscientização de quem somos como povos originários, seja nas escolas, seja no próprio movimento indígena.

Somos uma literatura de luta e de resistência.

A literatura indígena cumpre o papel de resgate, de preservação cultural, de fortalecimento das cosmovisões étnicas. O futuro escritor indígena deve ser incentivado para a aprendizagem da educação bilíngue e da educação em geral desde pequeno. O escritor indígena é o futuro antropólogo, aquele que vê, enxerga e registra. Povos indígenas devem caminhar com seus próprios pés.

As mulheres devem criar suas editoras e se tornar protagonistas de sua criação literária. Por outro lado, o mercado editorial também contempla mais o número de escritores do que o de escritoras. É que o mercado editorial ainda é um negócio vantajoso para o editor, e não para o criador da arte, o escritor, a escritora. Se mais mulheres fincarem pé na criação de um editorial feminino, mulheres estarão aumentando o empreendedorismo neste setor.

No entanto, como indígena e mulher, observo o distanciamento com que o mercado editorial nos trata, tanto por gênero quanto por etnia. O mercado quer vender. Nós, mulheres indígenas, queremos chegar às escolas e ao mais sagrado lugar da mente e da alma das crianças e das jovens brasileiras, que precisam urgentemente saber quem somos, o que queremos e para onde vamos, objetivando construir um mundo mais justo e igualitário. Um mundo ético, sem corrupções. Não é utopia.

Finalmente, mulheres sempre estiveram à mercê dos perigos, dos produtos químicos, dos anticoncepcionais, da esterilização, da mineração de urânio, das contaminações nas águas fluviais, dos conflitos armados, dos atos agressivos das multinacionais, dos projetos de diversidade de genética humana, de pirataria de nossa herança cultural e espiritual e dos recursos biológicos. E as forças que estão por trás de tantas violências são as modernas instituições financeiras controladas pelo Banco Mundial, pelo Fundo Monetário Internacional (FMI), pela Organização Mundial de Comércio (OMC) e órgãos afins.

As mulheres foram alvo de perseguição masculina desde o processo de colonização. Eram arrancadas do seu povo para servir de concubinas e de escravas para os estrangeiros. Essa responsabilidade é da política integracionista que paternalizou os povos indígenas até hoje. Mães e pais indígenas, sabedores desta realidade, proibiram que suas jovens filhas fossem atiradas a esse estigma. Será melhor que se fortaleçam antes de irem às escolas para adquirir mais consciência. Por isso, o índice de professores indígenas masculinos (65%) era bem maior que o das professoras até os anos 2000. Hoje, essa situação já mudou.

Por outro lado, conforme dados da primeira etapa do Censo Escolar 2022, das 178,3 mil escolas de ensino básico no país, 3.541 (1,9%) estão localizadas em terras indígenas – e ministram conteúdos específicos e diferenciados, de acordo com aspectos etnoculturais – enquanto 3.597 (2%) oferecem educação indígena por meio das redes de ensino.

Outros segmentos de mulheres indígenas estão pobres, discriminadas, excluídas, invisíveis. São mão de obra escrava em plantios de cana-de-açúcar, de algodão e outros, despreparadas para qualquer função política.

Dentro e fora das aldeias, urge um trabalho de conscientização e de capacitação dessas mulheres. Um programa imediato referente aos direitos reprodutivos e à saúde integral, à educação e ao desenvolvimento agrário deve ser implantado pelo sistema governamental e pelas ONGgs para que povos indígenas possam receber o tratamento digno que merecem.

A "reparação histórica" referente às dívidas morais que as mulheres indígenas acumulam há séculos pode vir a ser vislumbrada se as políticas públicas contemplarem o que querem essas mulheres e os povos indígenas, primeiras nações do território brasileiro. Terra do Pau Brasil.

O AMOR E A MOSCA AZUL
E eles dançaram tanto que ficaram prostrados ao chão.
Ninguém viu nada.
Só os olhares deles mesmos se queimavam um ao outro.
Era uma queimadura à espreita para dar o golpe final.
As feridas ardem de forma que tudo se transforma
numa lareira,
  uma bela lareira bordada ao sol.
Ela, em estado de completa paz e quietude, com o calor
e o sabor da dança em seu corpo desnudo, adormeceu
como se a mosca azul a atacara.
Ele, energizado pelo fogo ardente, caminhou pelas matas, rios
  e cachoeiras, subiu montanhas.
E retornou para ela trazendo o bálsamo das
próprias histórias
  a fortalecer caminhos, aspirações e o próprio amor.
E o sono e o sonho continuaram à mercê deles.

6
Livre pensar sobre o teatro mito-ritualístico brasileiro

Por José Ribamar Mitoso

Para este capítulo sobre teatro e arte, resolvi convidar meu grande amigo, o professor, escritor e dramaturgo José Ribamar Mitoso. Ele é professor da Universidade Federal do Amazonas (UFA) e doutor em Estudos Transdisciplinares sobre Arte, Movimento Cultural, Política Cultural e Legislações Culturais no Brasil. O belo texto foi criado para a apresentação da peça teatral *Cunhã* no Fórum Social Pan-Amazônico (Fospa) 2010.

Escrever sobre arte? Para quê?

Sinceramente, não sei se a leitora ou se o leitor concorda, mas, na minha opinião, se há uma coisa chata na criação intelectual, essa coisa é escrever sobre arte, esta coisa chata é o texto sobre arte. E não estou falando apenas da minha chatice, não. Nem da chatice deste texto. Estou falando que, na Europa e na América Latina, os discursos sobre as artes são chatérrimos, porque, em sua maioria, sendo eurocêntricos, são igualmente colonialistas, supremacistas, excludentes, presunçosos. Isso não é nenhuma novidade. Todo mundo artístico está cansado de saber. Artistas indígenas e aliados de toda a América Latina já manifestaram seu desagrado sobre isto. No Manifesto Pau-Brasil (1924) e no Manifesto Antropofágico (1928), o escritor modernista Oswald de Andrade já manifestava seu desagrado sobre esta chatice textual. Mas não é essa a questão central deste texto.

Também não é nenhuma novidade que tais discursos sobre as artes geralmente são elaborados em países europeus que colonizaram a América Latina. E que, por isso mesmo, com as honrosas exceções de sempre, são discursos com a visão do colonizador sobre a própria arte e sobre a arte dos povos colonizados. Também não há nada de novo nisso. Assim como não é nenhuma novidade dizer que esses discursos, quando eurocêntricos, desvalorizam a arte dos povos originários, porque estes já foram escravizados por eles. E é muito chato para as mentes colonialistas reconhecer algum valor naqueles que foram por elas colonizados. Isso é muito óbvio, não é verdade?

Mas é preciso relativizar. Esses textos, em sua maioria (eu adoro esta frase relativizadora e por isso a repito), servem para tudo, menos para aproximar o leitor ou a leitora da linguagem artística, aproximar daquilo que faz a arte ser arte, e não filosofia, ciência, religião ou mitologia. Esses textos (em sua maioria) querem ser mais importantes que a própria criação artística sobre a qual são escritos, e, por seus autores escreverem sobre, deveriam no mínimo saber que a criação artística, quando é arte, não tem a menor pretensão de ser melhor ou superior a nada ou ninguém. Você concorda, leitora, leitor? Vocês ainda estão aí?

Acalmem-se. Vamos devagar. A maioria dos ensaios sobre arte são chatos porque são judiciosos. Querem julgar o valor da obra de arte, quando deveriam apenas aproximar as pessoas da arte. Descrever, apenas. Tão somente aproximar o leitor ou o espectador do que será fruído. Aproximar, isto é, falar sobre gênero, forma, estilo e linguagem. Isto é possível, mas daí querer formatar o gosto a partir de uma perspectiva valorativa, judiciosa, egoica, aí já é demais. Autoritarismo. Colonização do outro, do gosto do outro. Chatice, para dizer o mínimo.

Então, como escritor e dramaturgo, devido a esse meu ponto de vista, eu nem deveria estar escrevendo este texto sobre arte. Senão por coerência, pelo menos por prudência, porque, se normalmente já sou muito chato, escrevendo sobre arte, corro o risco de me tornar insuportável. Perdoem-me.

Porém, se escrevo, escrevo apenas porque preciso falar da exclusão das artes cênicas indígenas, incluindo o teatro, da história oficial da arte brasileira. Como de resto, aliás, a própria história dos povos indígenas, na perspectiva desses povos, também está ausente da história oficial. Escrevo apenas, portanto, para desocultar o que foi propositalmente ocultado. Apenas. Tão somente.

De todo modo, escrevo. Mas este texto não é um ensaio acadêmico, com suas citações de apoio, argumento de autoridade, bibliografias, hipóteses e pretensões. Este é um ensaio livre. Ensaio do livre-pensar. Sem pretensão à verdade. Apenas um simples toque despretensioso para ajudar a desocultar um assunto ocultado propositalmente.

Então, vamos lá. Vamos ajudar a desocultar o proibido. Vamos colocar o assunto oculto em perspectiva. Vamos colocar uma breve linha do tempo nisso.

Antes o mundo não existia?

Antes da presença europeia na América, os povos indígenas já criavam quase todas as artes não escritas, inclusive artes cênicas, inclusive um tipo de teatro. Não exatamente o teatro grego, o circo, a mímica ou a ópera das europas. Mas seus rituais sagrados e suas festas cerimoniais já tinham expressão cênica, expressão coreográfica, mímica, cenografia, máscaras e o figurino das pinturas corporais. Os povos indígenas de toda a América Latina já criavam um tipo de teatro que chamo de teatro mito-ritualístico. Talvez eu esteja equivocado, mas ninguém precisa me transformar em um inimigo a ser abatido por isto. Basta discordar. Ou desconcordar, como diz minha amiga arte-terapeuta e atriz Rosângela Melo. Pode ser, leitora? Tudo bem, leitor?

Existem fartos estudos sobre o tema em toda a América Latina. Mas não os citarei. Este é um ensaio livre. Lembra? Nada de cartesianismo ou kantismo. Pensamos de outro modo.

No século XVI, o Estado colonial português criou uma política cultural catequista para converter os povos indígenas aos valores religiosos europeus. Esta política cultural foi definida em uma Carta Régia de 1558, assinada pela então regente portuguesa Dona Catarina D'Áustria. Padre Anchieta transformou esta política cultural em movimento cultural catequista e criou uma estética teatral catequista para executá-la. Esta estética tinha como objetivo converter o sagrado e sublime da Confederação Indígena dos Tamoios em profano e vil O Auto da Festa de São Lourenço é o melhor exemplo deste teatro europeu catequista na então Colônia Brasil.

Este Auto, datado de 1583, provavelmente foi escrito durante a participação de Anchieta na luta dos portugueses contra a Confederação dos Tamoios (1554-1567). Ou mesmo durante a Resistência dos Tamoios até 1575, quando foram finalmente exterminados como movimento político-cultural na Batalha de Saquarema, no Campo de Maranguá, entre Sampaio Corrêa e Jaconé – litoral do Rio de Janeiro. Mesmo datado de 1583, este auto teatral, produzido antes, durante ou após o confronto, foi escrito como peça ideológica para desqualificar as lideranças indígenas da Confederação dos Tamoios.

De todo modo, foi um auto teatral criado para legitimar os valores religiosos europeus e transformar o sagrado nativo em profano. Para este fim utilitarista, Anchieta inventou uma fórmula estética colonizadora de linguagem teatral, que marcou o teatro brasileiro até o século XX. Ele combinou uma forma-fôrma cênica greco-latina com a tematização da vida indígena na floresta e no passado. A fórmula artística colonial era forma-fôrma europeia, visão de mundo colonizadora, catequista, e temática do indígena na floresta e no passado.

Escrito em tupi, este auto sacro usou uma estratégia estética de transformar em profano e vil o que havia de sagrado e sublime na cultura das lideranças da Confederação dos Tamoios, movimento indígena anticolonial. Para tornar vil e profano o sublime e sagrado da rebelião indígena contra o imperialismo português, Anchieta transformou Guaixará, líder da Confederação dos Tamoios, em um "demônio" perigosíssimo, que tenta perverter uma aldeia com a colaboração dos ajudantes Aimbirê e Saravaia.

Nos diálogos dramatúrgicos, Anchieta sataniza as lideranças e vários elementos sagrados da cultura dos povos indígenas que compunham a Confederação. Para legitimar os valores religiosos europeus e desqualificar o mítico-sagrado destes povos Confederados, Anchieta ataca seus Deuses, suas artes, sua ética sexual, suas bebidas alucinógenas, sua nudez e sua organização sociofamiliar. E, como um bom dramaturgo, Anchieta não coloca seus preconceitos contra a cultura indígena na fala de cristãos, mas no próprio discurso "diabólico" do líder indígena Guaixará. Os discursos das personagens cristãs nos diálogos dramatúrgicos apenas reforçam e antagonizam o "sagrado cristão" contra o profano "indígena", especialmente o sagrado dos povos das culturas confederadas Tupi e Jê.

O segundo ato do Auto de São Lourenço é o mais revelador do conteúdo ideológico-formal dessa estética teatral colonizadora. É o momento da definição e do encaixe entre o conteúdo e a forma estético-estilística do teatro de catequese. No escrito em linguagem poética, com vários sistemas de rimas, padre Anchieta descreve as lideranças indígenas confederadas como três diabos que querem destruir a aldeia com pecados. E, no conflito que move a ação dramática, São Lourenço, São Sebastião e o Anjo da Guarda aparecem como protagonistas e heróis, que livram a aldeia das tentações e prendem os três demônios indígenas: Guaixará, que é o rei, Aimbirê e Saravaia, seus criados. Aimbirê era o líder Tupinambá da Confederação e da aldeia Uruçumirim, no atual bairro do Flamengo, na cidade do Rio de Janeiro.

Lido como expressão estética de uma política cultural e de um movimento cultural colonialista, este auto talvez seja também a melhor expressão dessa primeira intervenção estatal do colonialismo europeu na cultura do Brasil Colônia. Mas os povos indígenas organizados e rebelados na Confederação dos Tamoios também dispunham de um movimento e de uma política cultural. Enquanto não foi derrotada, esta revolta nativista afirmava sua identidade através de um movimento e de uma política cultural anticolonial, anticlerical, antimonárquica e antiescravista. A afirmação de suas artes cênicas, de seus rituais sagrados e das suas festas cerimoniais, com suas expressões cênicas e coreográficas, era parte desta resistência cultural.

Quatro séculos depois, a reinvenção descolonial do Teatro Indígena

No século XX, em 1996, o Grupo Pombal Artes, povos indígenas que habitam em Manaus e eu, como dramaturgo, inventamos uma forma de arte cênica teatral para descolonizar a estética colonialista do teatro de catequese do padre Anchieta. Mas vamos com calma.

Como foi dito, a fórmula estética colonizadora do teatro de catequese combinou forma teatral europeia grega, visão de mundo colonizadora, catequista, e temática do indígena na floresta e no passado. Para descolonizar esta expressão cênica-teatral europeia, recuperamos o teatro mito-ritualístico dos povos indígenas, que era anterior à presença europeia na América Latina. Criamos o teatro mito-ritualístico do indígena na cidade e no presente. Nossa fórmula estética foi a seguinte: criamos uma linguagem teatral com as expressões cênicas e coreográficas dos rituais e das festas cerimoniais dos povos indígenas da Amazônia, combinadas com uma visão de mundo descolonizadora e com a temática da luta identitária dos povos indígenas na cidade e no presente.

Esta estética teatral descolonial tinha e tem um objetivo épico bastante claro: criar visibilidade libertária para os povos indígenas que moram na cidade de Manaus ou em qualquer cidade brasileira ou latino-americana. Esta fórmula serve e tem servido para vários grupos teatrais indígenas latino-americanos reinventarem sua arte cênica ancestral.

Poronominare (1996/2003) foi a peça inaugural e a mais premiada: Prêmio Nacional Ministério da Cultura/Funarte Centenário do Teatro Amazonas,

Prêmio Nacional Ministério da Cultura/Funarte de Circulação, Prêmio Nacional Circuito Cultural Banco do Brasil (CNBB), participação no Fórum Mundial Social de Cultura e muitos outros prêmios nacionais, estaduais e municipais. A peça *Saga Munduruku* também obteve Prêmio Nacional Ministério da Cultura/Funarte, e foi a mais assistida no país. Mas foi *Cunhã* a peça que saiu do palco colonial greco-latino, entrou no igarapé com a diversidade cultural dos povos indígenas da Amazônia e abriu o Fórum Social Pan-Amazônico de 2010.

Voltando ao início: considero chatérrimos textos sobre arte. Talvez este texto que você acabou de ler seja mais um desses. Mas, por gentileza, não se aborreça. São apenas palavras. Não me transforme em um inimigo a ser abatido como Anchieta fez com as lideranças da Confederação dos Tamoios. Não precisa. E lá no início eu disse que este era um despretensioso ensaio livre, sem a presunção de verdade. Este texto não é ciência para chegar a resultados exatos. É filosofia. Estética filosófica. Livre pensar. Seus fundamentos são a relação estética entre o vil e o sublime, o sagrado e o profano, o gosto e a deformação do gosto, a beleza e a estranheza. Livre pensar.

Se, porventura, a leitora ou o leitor conhecerem fatos artístico-teatrais históricos que revelem algum engano ou equívoco no meu livre pensar, peço a gentileza obsequiosa de imediatamente mostrar o meu engano. Bem simples. Com elegância filosófica. Assim: querido escritor José Ribamar, tal fato da história do teatro no Brasil mostra que você está enganado ou equivocado em seu texto. Responderei: muito obrigado pela gentileza. Você está certo ou certa. Eu estava enganado.

Simples assim.

Paz e amor.

Fui.

Palavras finais

Minhas palavras finais não poderiam deixar de ter forma poética, como gosto de fazer. No momento em que escrevia estas linhas, recebia a mensagem pelos noticiários e redes de que o julgamento do marco temporal estava de volta.

O marco temporal das terras indígenas é uma tese e defende que qualquer nova demarcação de terras indígenas no Brasil só poderá ser feita se houver comprovação de que os povos que vivem no território reivindicado estavam naquele local antes da promulgação da Constituição Federal. Como a Carta Magna é de 5 de outubro de 1988, este seria o "marco temporal" para definir questões relativas ao assunto.

A partir do marco temporal, para que povos indígenas reivindiquem a demarcação de novas terras, deverão comprovar, por exemplo, não só que ocupavam aquele território de forma permanente, mas que também as utilizavam em atividades produtivas e necessárias para preservar recursos ambientais e a reprodução física e cultural.

O marco temporal destrói a dignidade dos povos indígenas e é um genocídio legislativo. Entidades de classe, políticos, população em geral e povos indígenas precisam se mobilizar para combater esse crime contra os povos originários.

Por essa razão, meu cântico ORAÇÃO PELA LIBERTAÇÃO INDÍGENA é atual em qualquer momento da história, porque o agronegócio e o empresariado burguês jamais vão abrir mão das terras indígenas. Uma luta ainda mais acirrada está por vir. Então, minhas palavras finais são:

> ORAÇÃO PELA LIBERTAÇÃO
> DOS POVOS INDÍGENAS
> Parem de podar as minhas folhas e tirar
> a minha enxada
> Basta de afogar as minhas crenças e torar
> minha raiz.
> Cessem de arrancar os meus pulmões e
> sufocar minha razão
> Chega de matar minhas cantigas e calar
> a minha voz.
> Não se seca a raiz de quem tem sementes
> Espalhadas pela terra pra brotar.

Não se apaga dos avós – rica memória
Veia ancestral: rituais pra se lembrar
Não se aparam largas asas
Que o céu é liberdade
E a fé é encontrá-la.
Rogai por nós, meu Pai-Xamã,
Pra que o espírito ruim da mata
Não provoque a fraqueza, a miséria e a morte.
Rogai por nós – Terra, nossa mãe,
Pra que essas roupas rotas
E esses homens maus
Se acabem ao toque dos maracás.
Afastai-nos das desgraças, da cachaça e da discórdia,
Ajudai a unidade entre as nações.
Alumiai homens, mulheres e crianças,
Apagai entre os fortes a inveja e a ingratidão.
Dai-nos luz, fé, a vida nas pajelanças,
Evitai, ó Tupã, a violência e a matança.
Num lugar sagrado junto ao igarapé.
Nas noites de lua cheia, ó MARÇAL, chamai
Os espíritos das rochas pra dançarmos o Toré.
Trazei-nos nas festas da mandioca e pajés
Uma resistência de vida
Após bebermos nossa chicha com fé.
Rogai por nós, ave-dos-céus
Pra que venham onças, caititus, seriemas e capivaras
Cingir rios Juruena, São Francisco ou Paraná.
Cingir até os mares do Atlântico
Porque pacíficos somos, no entanto.
Mostrai nosso caminho feito boto

Alumiai pro futuro nossa estrela.
Ajudai a tocar as flautas mágicas
Pra vos cantar uma cantiga de oferenda
Ou dançar num ritual Iamaká.
Rogai por nós, Ave-Xamã
No Nordeste, no Sul toda manhã.
No Amazonas, agreste, ou no coração da cunhã.
Rogai por nós, araras, pintados ou tatus,
Vinde em nosso encontro
Meu Deus, NHENDIRU!
Fazei feliz nossa mintã
Que de barrigas índias vão renascer.
Dai-nos cada dia de esperança
Porque só pedimos terra e paz
Pra nossas pobres – essas ricas crianças.

Saber mais

ARTISTAS INDÍGENAS

Conheça alguns escritores, artistas e ativistas sociais indígenas com atuação no Brasil e no mundo. Dos mais conhecidos do público aos iniciantes. dos antigos aos atuais. Ao lado, sua etnia e atividades.

ADEMÁRIO RIBEIRO (PAYAYÁ). Educador e pesquisador indígena. Mora em Salvador (BA).

AILTON KRENAK (KRENAK). Escritor e ativista indígena. Um dos principais nomes do movimento indígena brasileiro, surgido nos anos 1980. É patrono do movimento da literatura indígena. Mora em Minas Gerais.

ALDAIR GLÓRIA MARAGUÁ (MARAGUÁ). Escritor. Mora em Manaus (AM).

ALDAMIR SATERÉ (SATERÉ-MAWÉ). Artista plástico e líder indígena. Capitão geral do povo Sateré-Mawé e um dos principais nomes do movimento no Amazonas. Mora em Parintins (AM).

ÁLVARO TUKANO (YEPA MASA). Um dos primeiros grandes ativistas indígenas do Brasil. Líder indígena. Mora em Brasília (DF).

AURITA TABAJARA (TABAJARA). Poeta indígena. Principal nome do cordel indígena. Mora em São Paulo (SP).

CRISTINO WAPICHANA (WAPIXANA). Escritor, músico e ator. Várias premiações literárias. Mora em São Paulo.

DANIEL MUNDURUKU (MUNDURUKU). Doutor, educador, ator e escritor com mais de 50 livros. Prêmios internacionais. É o idealizador e principal incentivador da literatura indígena no Brasil. Presidente e fundador de instituições culturais. Mora em Lorena (SP).

DARLENE TAUKANE (KURÁ BAKAIRI). Educadora e acadêmica mato-grossense. É coordenadora do Instituto Yukamaniru de Apoio às Mulheres Bakairi e foi a primeira secretária da Federação dos Povos e Organizações Indígenas no Estado de Mato Grosso, onde reside.

DAVI KOPENAWA (YANOMAMI). Ícone da luta da preservação amazônica. Um dos maiores líderes indígenas tradicionais. Intelectual e xamã, é presidente da Hutukara Associação Yanomami, criada em 2004 em assembleia na comunidade Watoriki, na divisa entre os estados de Roraima e Amazonas, onde ele mora.

DAVID KARAI (GUARANI). Jovem liderança guarani do Jaraguá, subdistrito de São Paulo, capital. É professor e uma das principais promessas da liderança indígena do Brasil. Mora em São Paulo.

DENÍLSON BANIWA (BANIWA). Designer e artista plástico indígena. Palestrante com ativismo no Sudeste do Brasil. Mora no Rio de Janeiro (RJ).

DJUENA TIKUNA (TIKUNA). Cantora lírica da música nativa. Um dos nomes mais conhecidos da música indígena. Mora em Manaus (AM)

EDSON KAIAPÓ (KAIAPÓ). Doutor, professor e um dos grandes nomes do movimento indígena de base. Mora na Bahia.

ELIANE POTIGUARA (POTIGUARA). Escritora e poeta. Principal nome da luta das mulheres indígenas no Brasil. Presidente do Grumin. Primeira mulher indígena no Brasil a publicar livros. Mora no Rio de Janeiro – Saquarema, Jaconé – (RJ).

ELIAS YAGUAKÃG (MARAGUÁ). Escritor e famoso artesão indígena, também conhecido como Elias Seixas Rei e Elias Reis. É um dos maiores da arte plumária. Ativista social do Amazonas. Mora em Nova Olinda do Norte (AM)

ELY MACUXI (MACUXI). Professor, educador e escritor com atuações sociais em Manaus (AM).

EVA POTIGUARA (POTIGUARA). Poeta, acadêmica militante é professora de Artes da Faculdade de Pedagogia da Instituto Superior de Formação de Professores, no Rio Grande do Norte, cofundadora do projeto "Mulherio das Letras Indígenas", que visa agregar, Brasil afora, escritoras e autoras indígenas. Mora no Rio Grande do Norte.

GRAÇA GRAÚNA (POTIGUARA). Escritora, professora e doutora em literatura. Mora em Garanhuns (PE).

FIDELIS BANIWA (BANIWA). Ator e ativista social indígena do Amazonas. Mora em Manaus (AM).

JAIDER ESBELL (MACUXI). Escritor e premiado artista plástico (1979-2021), sua obra era destaque na 34ª Bienal de São Paulo, em 2021. Ganhador do Prêmio PIPA de arte contemporânea. Com exposições nacionais e internacionais. Morou em Boa Vista (RR)

JAIME DIAKARA (DESSANA). Filósofo, criador de uma corrente denominada Diakarismo. Escritor e músico tradicional. Mora em Manaus (AM).

WERÁ JEGUAKA MIRIM (GUARANI). Escritor e cantor. Primeiro rapper indígena de destaque nacional. Nome artístico: Kunumi MC. Mora em São Paulo (SP).

JECINALDO SATERÉ (SATERÉ-MAWÉ). Político e líder indígena. Um dos principais ativistas do movimento indígena na Amazônia. Mora em Barreirinha (AM).

KAKÁ WERÁ JEKUPÉ (TAPUIA). Ambientalista e escritor com atuação internacional. Mora em São Paulo (SP).

KANÁTYO PATAXÓ (PATAXÓ). Escritor. Um dos primeiros escritores indígenas a publicar em editora comercial no país.

KENEDY BU'U (TUKANO). Escritor, e artista plástico. Grande espiritualista brasileiro da atualidade. Com atividades xamânicas e culturais. Mora em São Paulo.

LIA MINAPOTY (MARAGUÁ). Escritora de literatura infantil. Atua no movimento indígena de mulheres em Nova Olinda do Norte (AM)

LUCIANA VÃNGRI KAINGANG (KAINGANG). Escritora e ativista indígena nascida no Rio Grande do Sul. Mora no Rio de Janeiro (RJ), onde trabalha no Instituto Kaingang como escritora e educadora.

LUIZ LANA (DESSANA). Contador de história e líder indígena. Mora no Amazonas.

MANOEL MOURA (TUKANO). Grande espiritualista brasileiro. Um dos primeiros nomes do movimento indígena. Nascido em São Gabriel da Cachoeira (AM), em 1952, também conhecido como Moura Tukano, foi um dos principais articuladores do movimento indígena brasileiro, tendo sido um dos fundadores da Coordenação das Organizações Indígenas da Amazônia Brasileira (Coiab). Mesmo falecido em 2014, seu nome continua inspirando o movimento indígena atual.

MÁRCIA WAYNA KAMBEBA (KAMBEBA). Uma das maiores poetas indígenas do Brasil. Tem atuado no movimento através da cultura também como compositora, contadora de histórias e palestrante. Mora em Belém (PA).

MÁRCIA MURA (MURA). Educadora e acadêmica, mora em Nazaré (RO), vilarejo de onde se desloca para seu ativismo contra ameaça de construção de duas hidrelétricas na região e pela preservação das tradições Mura.

MÁRCIO BORORO (BOE BORORO). Líder, músico e cantor indígena. Destaque na música de raiz e MPB. Preside a Academia dos Saberes Indígenas. Mora em Cuiabá (MT).

MARCOS TERENA (TERENA OU XANÉ). Escritor e um dos precursores do movimento indígena nacional. Representação indígena na ONU para a organização da Conferência Rio-92. Foi gerente do Memorial dos Povos Indígenas de Brasília. Mora em Brasília (DF).

MARIA KEREXU (GUARANI). Escritora nascida no Paraná, é autora, junto com seu marido, Olívio Jekupe, do livro *A mulher que virou urutau*, entre outros escritos. Mora em Parelheiros (SP).

NAINE TERENA (TERENA). Educadora, pesquisadora e ativista social de mulheres indígenas. Foi curadora da primeira mostra de arte indígena da Pinacoteca de São Paulo, intitulada "Véxoa: Nós sabemos", em 2020, reproduzida em 2023 nos EUA. Mora em Cuiabá (MT).

OLÍVIO JEKUPÉ (GUARANI). Filósofo que iniciou os estudos no Paraná e terminou na Universidade de São Paulo, começou a escrever em 1984 e já tem mais de vinte livros publicados. Um dos mais destacados na literatura. Mora na aldeia Krukutu, Parelheiros (SP).

RAONI METUKTIRE (KAIAPÓ). Famoso líder indígena tradicional, conhecido internacionalmente por defender a Amazônia. Viajando por vários países com o cantor Sting, entre seus sucessos, está o fato de despertar o mundo para a urgência da questão ambiental e da proteção dos povos originários. Mora em Mato Grosso.

RONI WASIRY GUARÁ (MARAGUÁ). Escritor, professor e poeta. Atua no movimento de conscientização indígena entre ribeirinhos e povos indígenas no Amazonas. Mora em Boa Vista do Ramos (AM).

SABÁ MANCHINERI. (MANCHINERI). Líder indígena e ativista social do Acre, Presidiu a Coordenação das Organizações Indígenas da Amazônia Brasileira (Coiab) e a Coordenação das Organizações Indígenas da Amazônia (Coica). Foi apontado para presidir a Funai em 2016, sem sucesso. Vive no Acre.

TIAGO HAKIY (SATERÉ/ANDIRÁ). Poeta, escritor e contador de histórias tradicionais. Formado em biblioteconomia pela Universidade Federal do amazonas (Ufam). Um dos principais nomes da poesia indígena, tematizando a valorização amazônica. Mora em Barreirinha (AM).

TIMÓTEO VERÁ TUPÃ POPYGUA (GUARANI). Escritor e líder indígena. Primeiro a narrar as histórias e tradições do grupo Guarani Mbya sem a intervenção de brancos no livro sobre seu povo, intitulado *A terra uma só (Yvy Rupa)*. Mora em São Paulo.

UZIEL GUAINÊ (MARAGUÁ). Grande nome nas artes plásticas indígenas. É escritor e ilustrador. Pintor de telas com temáticas indígenas e paisagísticas. Mora em Nova Olinda do Norte (AM).

YAGUARÊ YAMÃ (MARAGUÁ). Professor, ilustrador, geógrafo, escritor e ativista social. Coordenador do movimento de conscientização e valorização social indígena na Amazônia. Mora em Nova Olinda do Norte (AM).

LIVROS

CARDOSO, Ytanajé Coelho. *Carumã: A travessia.* Manaus: Editora Valer, 2019.

DORRICO, Julie. *Eu sou macuxi e outras histórias.* Ilustrações de Gustavo Caboco. Belo Horizonte: Nova Lima, Caos e Letras, 2019.

GUARÁ, Roni Wasiry. *Mondagará: Traição dos encantados.* São Paulo: Formato Editorial, 2011.

________. *Waiperiá – Ritual de passagem.* Ilustrações de Uziel Guainê. São Paulo: Editora de Cultura, 2023.

JECUPÉ, Olívio. *A invasão.* São Paulo: Editora Urutau, 2020.

KRENAK, Ailton. *Ideias para adiar o fim do mundo.* São Paulo: Companhia das Letras, 2019.

MACUXI, Eli. *Ipaty: O curumim da selva.* Ilustrações de Mauricio Negro. (Coleção O Universo Indígena. Série Raízes). São Paulo: Paulinas, 2010.

POTIGUARA, Eliane. *A cura da Terra.* São Paulo: Editora do Brasil, 2015.

________ *O vento espalha minha voz originária.* Ilustração de Jaider Esbell e Aline Kayapo, Rio de Janeiro: Grumin Edições, 2023.

TABAJARA, *Auritha. Coração na aldeia, pés no mundo.* Xilografias de Regina Drozina. São Paulo: UK'A Editorial, 2018.

WERÁ Kaká. *A terra dos mil povos.* São Paulo: Editora Peirópolis, 2019.

FILMES

Abaeté

1985, Brasil, direção: Zelito Viana

Avá é o único sobrevivente de um criminoso massacre que exterminou os indígenas Avaeté. Agora, obcecado pelo desejo de vingança, ele vive um dramático enigma em busca de sua identidade como nativo no meio da civilização.

Gerônimo, uma lenda americana

1993, EUA, direção: Walter Hill

Seguindo a expansão dos Estados Unidos para o sudoeste, os índios apaches são forçados a viver em uma reserva. Enquanto muitos se resignam com este destino, outros, inclusive Gerônimo, se recusam e se revoltam. Na esperança de acabar com a rebelião, o general George Crook deseja capturar Gerônimo e seus homens.

Wiñaypacha ("Eternidade")

2017, Peru, direção: Óscar Catacora

Um casal de idosos (Vicente Catacora e Rosa Nina) vive em uma região remota dos Andes e enfrenta os desafios da vida cotidiana enquanto carrega a tristeza de não ver seu filho, que emigrou há anos. Aos pés da montanha Allincapac, a mais de 5 mil metros acima do mar, os dois – Sol e Lua em sua língua ancestral – sobrevivem ao frio e à miséria, sempre ligados à Pachamama, a Mãe Terra. Primeiro filme totalmente falado na língua aimará. Recebeu, no Festival de Cinema de Guadalajara (México), os prêmios de Melhor Jovem Diretor, Melhor Obra e Melhor Fotografia.

O sonho da pedra

2019, Brasil, direção: Marco Altberg

O documentário cobre o pensamento e a trajetória de Ailton Krenak, líder indígena natural de Minas Gerais, descendente da etnia Krenak, outrora chamada de Botocudos. Depois de estudar em São Paulo, Ailton foi atuar na defesa dos povos indígenas. Ao viajar pelo Brasil e pelo mundo, transformou-se em uma espécie de embaixador das culturas originárias brasileiras. O filme traz imagens e depoimentos de Ailton em diferentes momentos de sua vida, além de focalizar personagens que fazem parte de seu universo.

Confederação dos Tamoios: A última batalha
2020, Brasil, direção: Carlos Pronzato.

O filme traz à memória o histórico episódio do século XVI quando, para enfrentar os colonizadores portugueses, diversas nações indígenas se uniram contra o invasor, contando com a ajuda de franceses. O documentário se desenvolve por meio de depoimentos de pesquisadores, escritores e indígenas sobre o tema.

Nheengatu
2021, Brasil, direção: José Barahona

Ao longo de uma viagem no alto Rio Negro, na Amazônia profunda, o diretor busca uma língua imposta aos índios pelos antigos colonizadores. Através desta língua misturada, o Nheengatu, e dividindo a filmagem com a população local, o filme se constrói no encontro de dois mundos.

Ritual sagrado Kuarup Kamayurá: entre a luta e o recomeço
2021, Brasil, direção, Rosa Berardo

Documentário de 27 minutos que focaliza o ritual Kuarup realizado em 2021 na aldeia Kamayurá em homenagem aos mortos pela covid-19. Cinco membros da comunidade perderam suas vidas devido ao vírus, entre eles anciãos que levaram consigo saberes ancestrais, transmitidos apenas na forma oral.

O território

2022, Brasil, direção: Alex Pritz

O povo indígena Uru-eu-wau-wau (ou Jupaú) de Rondônia, viu sua população diminuir e sua cultura ser ameaçada desde o contato com os brancos brasileiros. Embora prometida a autonomia sobre seu território de floresta tropical, eles enfrentaram incursões ilegais de madeireiros e mineradores, além de invasões de grilagem de terras. Tendo o desmatamento como consequência, o problema se tornou global. Com acesso inédito e coproduzido pela comunidade Uru-eu-wau-wau, o documentário coloca o público no centro desse conflito. Jovens líderes indígenas e ativistas ambientais arriscam suas vidas para defender a floresta, montando sua própria equipe de mídia independente e usando a tecnologia para expor a verdade e revidar.

SÉRIES

Índios do Brasil

1989, Brasil, direção Vincent Carelli

Série do MEC, com doze episódios, tratando de vários temas, como direitos indígenas, saúde, educação, espiritualidade, cultura, línguas, territórios. Antropólogo e ativista do projeto "Vídeo nas Aldeias", Carelli procurou ensinar jovens indígenas a usar meios audiovisuais para documentar e fortalecer sua cultura por meio da ONG Centro de Trabalho Indigenista (CTI), com sedes em Tabatinga (AM), Brasília e São Paulo. (https://trabalhoindigenista.org.br/)

Guerras do Brasil.doc

2020, Brasil, direção: Luiz Bolognesi

Minissérie que reconta a história de formação do Brasil em cinco episódios de 26 minutos cada, exibidos pela TV Brasil e acessível na Netflix. O primeiro episódio, "Guerras da conquista", é quase todo narrado pelo pensador indígena Ailton Krenak, que fala justamente da invasão dos europeus em 1500 e como essa tensão tem reflexos até hoje.

Krenak

2023, Brasil, direção: Equipe Globoplay

Miniepisódios de 13 minutos cada compõem esta série documental com cinco episódios. Apresenta, pela voz dos próprios indígenas da etnia Krenak, como ficou a vida na aldeia após a barragem da mineradora Samarco desmoronar, na tarde de 5/11/2015, e seus dejetos contaminarem toda a região, incluindo a aldeia. A lama matou tudo por onde passou, chegando até o Oceano Atlântico.

Sobre a autora

Eu me tornei uma leitora primeiramente lendo as cartas de minha avó. Toda minha família indígena migrou da Paraíba e de Pernambuco para o Rio de Janeiro. Ao longo de minha infância, adolescência e juventude, fui sempre uma leitora dos lábios de vovó, que nada me escondeu sobre as lendas, as histórias. Sua oralidade me tornava uma conhecedora da cultura de meu povo indígena. Além disso, lia livros incentivada pela minha família e pela escola. Minha avó, minha mãe, tias e primas, todas analfabetas, me incentivaram ao estudo para que eu me tornasse professora.

Sou escritora indígena, professora, poeta, contadora de histórias, mãe, avó, de origem étnica Potiguara. Sou fundadora do Grupo Mulher-Educação Indígena (Grumin, 1988) e membro fundadora do Enlace Continental de Mujeres Indígenas de América (Ecmia, 1995). Sou formada em Letras (Português-Literatura), licenciada em Educação pela Universidade Federal do Rio de Janeiro (UFRJ) e tenho especialização em Educação Ambiental pela Universidade Federal de Ouro Preto (Ufop).

Participei de vários seminários sobre Direitos Indígenas na Organização das Nações Unidas (ONU), em organizações governamentais e não governamentais nacionais e internacionais. Fui nomeada uma das "Dez Mulheres do Ano de 1988", pelo Conselho das Mulheres do Brasil, por ter criado o Grumin, primeira organização de mulheres indígenas no país, por ter trabalhado pela educação e pela integração da mulher indígena no processo social, político e econômico do país e por ter atuado na elaboração da Constituição de 1988.

Sou defensora dos direitos humanos e criadora do primeiro Jornal Indígena, de boletins conscientizadores e da cartilha de alfabetização indígena no método Paulo Freire. Organizei cursos sobre saúde e direitos reprodutivos das mulheres indígenas, sendo consultora de encontros a respeito do tema. Em 1992, atuei, como cofundadora e pensadora do Comitê Intertribal 500 Anos (kari-oka), por ocasião da Conferência Mundial da ONU sobre Meio Ambiente, junto com Marcos Terena, Idjarruri Karajá e muitos outros líderes, além de ter participado de dezenas de assembleias indígenas em todo o país.

Em 2011, fui nomeada Embaixadora Universal da Paz em Genebra, Suíça. Tive meu nome indicado, para trabalhar a favor da paz no mundo, em reunião do Círculo Universal dos Embaixadores da Paz, entidade ligada a ONU

Desde 2000, tenho participado de centenas de seminários e palestras em universidades, feiras literárias, bienais do livro e eventos pelo Brasil afora. Publiquei vários livros, dentre eles *A terra é a mãe do índio* (Grumin Edições, 1989), premiado pelo Pen Club da Inglaterra, *O pássaro encantado* (Jujuba Editora, 2012), *A cura da Terra* (Editora do Brasil, 2015) e *Metade cara, metade máscara* (Grumin Edições, 2018).

Contato: @elianepotiguara

COLEÇÃO
INQUIETAÇÕES CONTEMPORÂNEAS

Idealização da coleção
Helena Maria Alves

Direção editorial
Mirian Paglia Costa

Coordenação de produção
Maria Ângela Silveira de Souza

Direção da coleção
Diego Pautasso

Coordenação da coleção
& Indicação literária
Caio Riter

Preparação & Revisão
Caio Riter
Pagliacosta Editorial
Elaine Maritza

Projeto gráfico, capa & Diagramação
Juliana Dischke

Impresso no Brasil
Printed in Brazil

Formato – 12 X 18 cm
Mancha – 7,9 X 14,9 cm
Tipologia – Britannic e Minion
Páginas – 128